JN129949

デジタル化時代の学校教育を支える

ICT支援員という仕事

これからのチーム学校に不可欠なスペシャリスト

五十嵐晶子
Igarashi Akiko

小学館

はじめに

デジタル化時代の学校教育を支える「ICT支援員」という仕事

こんにちは、五十嵐晶子です。およそ二十年前から、学校のICT支援の仕事に関わってきました。

この二十年で、学校のデジタル環境は信じられないくらい変わりました。

まずパソコンの台数は、十年前までは全校合わせて数十台というレベルでした。しかも据え置き型が中心です。それがGIGAスクール構想によって一気に変わりました。タブレット型やノート型が中心となり、台数も全校合わせて数百台レベルとなっています。千台を超える学校も珍しくありません。多くのパソコンが持ち運べるものになって、据え置き型のときは、ほぼ考慮する必要のなかった破損や紛失という問題にも気を配る必要が出てくるようになりました。

最も変わったのがネットワーク環境です。今は無線接続が常識ですが、十年前はほとんどが有線接続でしたし、二十年前だとネットワークがない学校も少なくありませんでした。パソコンにインストールして使うタイプのソフトウェアがほとんどで、ユーザーアカウントを登録しなくても使えましたから、ネットワークの重要度が低かったのです。それにクラウドコンピューティングの利用を禁止していた自治体も少なくありませんでした。

それがGIGAスクール構想によって、クラウドコンピューティングが推奨され、インターネット接続が必須となりました。今やインターネット接続を前提としないハードウェアやソフトウェアを探すのが困難なほどです。

ユーザーアカウントの概念も変わりました。二十年前のWindowsでもアカウントの機能はありましたが、学校では端末の識別に使われる程度でした。今は個人を識別しています。文字通りのユーザーアカウントになったわけです。

これくらい学校のＩＣＴ環境が変わったわけですから、ＩＣＴ支援員の仕事も変わりました。当然、必要とされる知識も変わりました。

二十年前はWindowsの知識がありさえすれば、たいていの支援はできました。しかし、今はWindowsに加えて、iPadOSやChromeOSの知識が無いとやっていけません。自治体によってＯＳも機器も違うため、求められる知識がだいぶ違ってきます。

ネットワークの知識も同様です。今ではWi-Fiルーターなどが集中管理されるようになり、通常はＩＣＴ支援員が触れないようになりました。その分トラブルを切り分けるための知識が求められます。サポートセンターや保守業者とのやりとりができるノウハウも必要になってきました。

こうした変化は年々スピーディーになっています。機器やソフトウェアの更新により、たった一年で使い方や対応方法がガラッと変わることは当たり前です。加えて、授業でのＩＣＴ活用の重要性は年々増していています。にもかかわらず、教育関係者の間で、ＩＣＴ支援員の仕事に対する認識は、十分ではないような気がします。

試しに教育委員会の方や管理職の先生に「ＩＣＴ支援員の仕事は何ですか」と聞いてみてください。恐らく人によって違う答えが返ってくるでしょう。

「パソコンの使い方を教えてくれる人でしょ」

「トラブルがあったときに解決してくれる人でしょ」

「授業のときに子供の世話をしてくれる人でしょ」

どれも大きく間違っているわけではありませんが、ちょっとずつ違います。

知らない人を非難しているわけではありません。この「認識のずれ」が生み出す問題を心配しているのです。


たとえば最近「先生方のＩＣＴスキルが上がった今、ＩＣＴ支援員は不要ではないか」という意見を聞きます。けれども、授業でタブレットを使うのが当たり前になった現在では、先生方をサポートする仕事の重要性は増していますし、多様化しています。電気や水道のような「止めてはいけない学校インフラ」になっているのです。

今や学校の情報ネットワークは、電気線や水道管のように、学校中に張り巡らされています。授業や校務もネットワークが前提になっています。止めることは許されません。

このように、学校のネットワークは、単なる情報システムではなく、授業や校務といった先生方の仕事も含めて考える時代になっているのです。ですから、この運用を下から支える「黒子」が必要になってきます。それがＩＣＴ支援員です。

一方で、ＩＣＴ支援員の中には「先生をサポートする」という意識が足りない人もまだまだ見受けられます。自分がやりたいプログラミングを教えようとする人さえいます。でも、ＩＣＴ支援員が最優先すべきは、先生方の笑顔だと私は思っています。そのお手伝いをするのがＩＣＴ支援員です。ここを間違えてはいけません。

「先生をサポートする」という意識が欠けてしまうことがあるのは、人柄の問題ではなく、ＩＣＴ支援員を活用する仕組みの問題です。ＩＣＴ活用のグランドデザインが不明瞭であることも問題です。これが、ＩＣＴ支援の仕事に対する無理解、発注する側と受ける側の

「認識のずれ」に繋がっています。

私はこれらの「ずれ」を解消したくて、今回この本を書きました。基本的には現役のICT支援員さんや、これからICT支援員になろうとしている人に向けて書きましたが、学校の先生はもちろん、仕事を発注する教育委員会の方、ICT支援員を派遣する会社の方にもぜひ読んでいただきたいと思っています。とくに第5章は、教育委員会の方へ向けて書きました。

ICT支援員だけでなく、学校教育に関わるすべての方々が、情報を共有して協力すれば、今よりもっとICT活用が進むはずです。本書がそのための一助になればと思っています。

五十嵐晶子

もくじ

※本書に掲載のＵＲＬや二次元コードのリンク先は、
予告なく変更・移転・削除される場合がございます。
あらかじめご了承ください。

第1章

ICT支援員って どんな仕事？

先生方のICT活用をサポートする、頼れる存在

ICT支援の歴史：ミレニアム・プロジェクトからGIGAスクール構想へ

「ICT支援員はGIGAスクール構想をきっかけに生まれた」という誤解をよく耳にしますが、それは間違いです。実際には二十年以上の歴史があります。

学校のパソコン活用を支援する仕事が本格化したのは、政府が1999年10月に打ち出した「ミレニアム・プロジェクト」の影響が大きいと思います。もちろん、それ以前にも学校のパソコン活用を支援していた職員がいた自治体はあったでしょう。それでも、このプロジェクトによって、職員雇用のための補助金がつき、全国的に多くの人材が配置されました。

「ミレニアム・プロジェクト」は、教育の中身にも大きな影響を与えました。「新しい千年紀へ向けて、人類の課題に応え、次の世代を切り開く大胆な技術開発を目指す」として、様々な施策が打ち出される中、その先頭に掲げられていたのが「教育の情報化」です。

そこでは、次の目標が記載されていました。

● 2001年度までに、全ての公立小中高等学校等がインターネットに接続でき、全ての

公立学校教員がコンピュータの活用能力を身につけられるようにする。さらに、2002年度には、我が国の教育の情報化の進展状況を、国際的な水準の視点から総合的に点検するとともに、その成果の国民への周知を図るため、国内外の子供たちの幅広い参加による、インターネットを活用したフェスティバルを開催する。

● 2005年度を目標に、全ての小中高等学校等からインターネットにアクセスでき、全ての学級のあらゆる授業において教員及び生徒がコンピュータを活用できる環境を整備する。

この目標を見ると、当時の政府は「教育の情報化」実現に向けて、次の順番で考えていたことが分かります。

1．とにかくインターネット
2．先生方のコンピュータ活用能力を付ける
3．授業での活用（児童生徒の活用）

今の常識からすると、とくに新しいことではないかもしれません。しかし、当時はインターネットがさほど普及していない時代です。回線速度も遅かったですし、何より、多くの人がそれほど重要とは考えていませんでした。

その時代に「教育の情報化」を真っ先に掲げ、「先生方の情報活用能力の育成には専門職員が必要である」ということで、その雇用を進めたのです。まさに先見の明があったということでしょう。

このような背景から、学校のコンピュータ活用を推進する役目の職員は、まず先生の活用を支援することが役目となりました。これが、現在のICT支援員に繋がっていると、私は思います。

先生方のICT活用を支える、多岐にわたる業務

当時はこの「学校のコンピュータ活用を推進する役目の職員」について、とくに呼称は決まっていませんでした。「情報アドバイザー」や「インターネット活用パートナー」などと呼ばれていたように思います。

呼称はどうあれ、先生方の情報活用能力の育成が任務ですから、職員室にいることがほとんどでした。当時の仕事の内容といえば、こんなところでした。

ワープロソフトや表計算ソフトの活用方法を教える

・当時はパソコンではなく「ワードプロセッサ」という文書作成用の機械が学校に置かれていることも多く、この機械の使用もサポートしました。

・パソコンのワープロソフトには、マイクロソフト・ワード（MS-Word）だけでなく一太郎というソフトにも存在感があったので両方を教えました。
・先生が学校に、個人のパソコン、ワードプロセッサを持ち込むことも多く、不具合対応やファイル変換のサポートもしました。

学校のホームページ作成・ホームページ作成ソフトの使い方を教える

・２０００年頃から学校のホームページ作成が本格化しました。ホームページ作成は、まだまだ難しい作業だったので作成の手伝いをしました。
・当時は「ホームページ作成ソフト」というアプリが複数の会社から発売されていたので、その使い方を教えました。

端末の設定・保守・故障対応

・パソコンのＯＳをアップデートしたり、再インストールしたりする。
・環境保守アプリを外して、ソフトウェアをインストールする。
・ＬＡＮケーブルを作ったり、ＬＡＮ環境を構築したりする。

これらの仕事は、先生個人のパソコンも対応範囲になっていました。現在ではセキュリティ上も、業務契約上も、考えられないことですが、「職員室にはパソコン1台だけ」という学校も珍しくなかったので、仕方が無かったのです。

こういう状況ですから、教員の活用能力の向上は望むべくもありません。2021年度に文部科学省が全国の学校に対して実施したアンケート調査では、「ICT活用に関して学校が抱えている課題は何か」という問いに対して、90・1%の学校が「教員のICT活用指導力」を挙げていました。

ICT支援員の仕事は、今も「先生方の支援」が重要ポイントになっていることに変わりはありません。

学校ICTを支える様々な人材：役割分担と連携の重要性

学校のICT活用に関わる人のうち、国から費用が出ている人は、ICT支援員だけではありません。

まずは「学校DX戦略アドバイザー」がいます。以前は「ICT活用教育アドバイザー」と呼ばれていました。

これは、教育の質の向上と、効果的なICTの一層の活用促進に向け、学校への助言、支援をする有識者のことです。このアドバイザーの派遣費用は、全額国費でまかなわれます。全国の小学校、中学校、高等学校、特別支援学校等の設置者等が対象です。私も「学校DX戦略アドバイザー」の一人として登録されています。相談や派遣の申し込みは、メールまたは電話で行うことができます。詳しくは「学校ＤＸ戦略アドバイザー事業ポータルサイト」（https://advisor.mext.go.jp/）をご覧ください。

次に「ＧＩＧＡスクールサポーター」です。これは、ＧＩＧＡスクール構想が始まった際、端末等が急速に増えたため、自治体等を支援する目的で緊急に雇用された職員です。学校のＩＣＴ環境整備の設計、使用マニュアル（ルール）の作成、使用方法の周知を行うことなどが業務とされていました。この事業は２０２２年でいったん終了し、２０２４年現在では補助金は出ていません。

この事業の概要は、文部科学省のサイトにＰＤＦが掲載されています（https://www.mext.go.jp/content/20201030-mxt_jogai01-000010768_001.pdf）。

このように学校ＩＣＴに関わっては、いろいろな名前の人がいます。混乱があるかもしれないと考えて、ここで整理しました。私自身は、学校ＤＸ戦略アドバイザーでもあります。全国で最も人数が多く、学校の日常的なＩＣＴ活用を支援しているＩＣＴ支援員と協力することで、より大きな力を発揮できると考えています。学校ＤＸ戦略アドバイザーの方も、ＩＣＴ支援員の方も、お互いの存在と仕事を理解して連携することが重要です。

ICT支援員の今：学校教育の必須要員へ

学校教育法施行規則で位置づけられた、正式な学校職員

本書では冒頭から「ICT支援員」という言葉を使っていますが、正式名称は「情報通信技術支援員」と言います。学校教育法施行規則の改正（2021年8月23日）により、スクールカウンセラーなどと並ぶ学校職員のひとつとして位置づけられました。これまでは、学校での位置づけがあいまいだったこの仕事が、学校の正式な仕事としてようやく位置づいた、という思いです。

学校教育法施行規則には、次のように書いてあります。

第六十五条の五
情報通信技術支援員は、教育活動その他の学校運営における情報通信技術の活用に関する支援に従事します。

ではなぜ本書で正式名称を使わないかというと、すでに多くの方が「ICT支援員」という

言葉を使っているからです。実際「情報通信技術支援員」で検索すると、文部科学省の「ICT支援員について」というページがヒットします。このページには、次の通りICT支援員に関する情報がまとまっているので、ぜひアクセスして読んでみてください。

- ICT支援員の育成・確保のための調査研究事業
- ICT支援員の配置促進に関する調査研究
- 令和4年度末 ICT支援員(情報通信技術支援員)の配置状況

GIGAスクール構想の先へ:教育DXは継続的な取り組み

学校を訪問していると「GIGAスクール構想っていつ終わるの?」と聞かれることがあります。これはおそらく、現在の情報端末が、補正予算によって導入されたことによる誤解かもしれません。

GIGAスクール構想とは、2019年に開始された、全国の児童生徒一人に一台のコンピュータと高速ネットワークを整備する取り組みのことです。「GIGA」は「Global and Innovation Gateway for All」を意味しています。この構想が掲げた「一人一台端末」は、現在ほぼ達成されたものの、高速ネットワークの配備はまだまだです。つまり現在進行形の政策なのです。

ですから、２０２３年６月16日に閣議決定された教育振興基本計画にも、教育ＤＸ化は明記されていますし、現在中央教育審議会にて進められている次期学習指導要領の改訂作業も、一人一台端末を想定したものになっていると聞いています。（「みんなの教育技術」堀田龍也先生の講演記事 https://kyoiku.sho.jp/315953/ より）

ＩＣＴ支援員が学校教育法施行規則に位置づけられたのも、こうした政策の一環でしょう。決して一時的な施策ではないのです。

ＩＣＴ支援員の配置状況：地域格差の解消が課題

国は教育のＩＣＴ化に向けた環境整備計画にて、ＩＣＴ支援員を、２０２４年度末までに４校に１人配置するように目標を立てています。この場合、全国で約８２００人が必要となりますが、２０２２年度末時点で、ＩＣＴ支援員の人数は７１４４人となっています。約７割の自治体が設置しており、約５割の自治体は４校に１人以上配置している一方で、約３割の自治体は配置していません。（「文部科学省　令和４年度末ＩＣＴ支援員（情報通信技術支援員）の配置状況」https://www.mext.go.jp/content/20240123-mxt_jogai02-000010766_1.pdf より）

目標が約８２００人ということで、目標達成まであと少し、という印象があります。しかし、実際には、目標値を遥かに超える人数を配置している自治体もある一方で、まったく足りていない自治体もあります。

さらに実は、4校に1人という目標水準も問題です。たとえ人数的に4校に1人でも、学校への訪問頻度が月に1回になっていることがあるからです。フルタイムで働けない事情のある人が多い場合もあるし、自治体としてフルタイムで働いてもらうだけの報酬が払えないという場合もあります。

要するに「4校に1人」という人数で考えてしまうと、ICT支援員の状況や学校現場の実態に合わない可能性が高いのです。真のICT活用のためには、人数ではなく、学校への訪問回数や学校の規模を考慮に入れたICT支援員の整備計画が求められます。

このあたりの雇用契約の課題については、あらためて第5章で詳しく説明します。

ICT支援員に求められる資格：スキルアップとキャリア形成

ICT支援員の国家資格はありません。比較的知名度のある認定試験としては、NPO法人情報ネットワーク教育活用研究協議会（JNK4）が実施している「ICT支援員能力認定試験」があります。私の会社では対策講座の動画をYouTubeで配信しています。

ここでは「ICT支援員」の資格に加えて、より実践的能力を認定する「ICT支援員上級」を認定しています。試験は年2回、前期（6月頃）と後期（10月頃）の日程で行われます。

ICT支援員には、ICTの扱いに関する実践的な知識のほか、教育現場でのコミュニケーション力が要求されるため、A領域（実践知識）とB領域（問題分析・説明力）の試験が実施されます。A領域は、全国各地のテストセンターの端末を予約し、CBT（Computer Based Testing）で行われます。B領域の試験は、送信されてくる課題に対し、自宅や職場で自撮りした説明映像を提出する形で行われます。提出期限は、課題提示日を含めて5日以内です。これにより、状況判断力や説明能力を評価します。

自治体によっては、ICT支援員の採用にあたり、この認定を受けていることを条件としていることがあります。ICT支援員を目指す方には、今後必要になる認定試験です。

また、ICT支援員能力認定試験と同じ事務局が実施している「教育情報化コーディネータ（ITCE）」という検定もあります。教育の情報化や情報教育の推進を、より高いレベルから見渡し、長期的な展望に立った判断・決定・実行をしていくための能力を認定する検定です。1級～3級まで4段階のレベルが規定されています。これも支援員業務を行う上で有効な検定です。

「ICT支援員能力認定試験」および「教育情報化コーディネータ（ITCE）」の試験対策は、私の会社のYouTubeチャンネル「かんがえるチャンネル」https://www.youtube.com/@kangaeru に最新版をアップしていますので、ぜひ見てください。

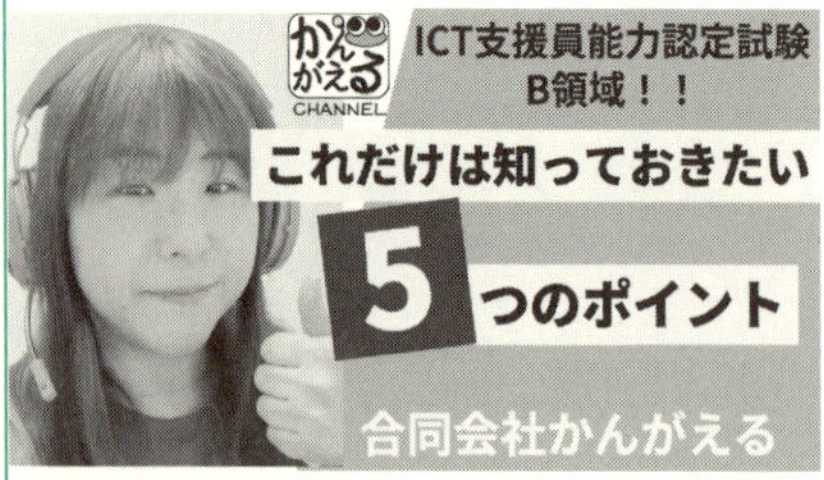

ICT支援員としての責任と誇り

ICTのプロフェッショナルとして：求められる知識とスキル

ICT支援員が学校教育法施行規則に明記され、正式な学校職員として規定されたということは、それだけ責任のある仕事になったということです。学校職員としての自覚を持って働く必要がありますし、学校や教育に対して興味関心を持つ必要があります。もちろん知識も必要です。

要するに「プロフェッショナル」であれということです。ICT支援員は、ICTのプロであると同時に、支援のプロである必要があります。

ICTのプロ

- Microsoft 365やGoogle Workspace等に精通していることはもちろん、学校特有のアプリやシステムにも通じている。
- 学校でよく使われている3つのOS（Windows・iPadOS・ChromeOS）の特性と基本操作に通じている。

・学校でよく使われる機器（パソコン、電子黒板、ルーター、プロジェクター等）の特性と基本操作に通じている。
・トラブルがあったとき、メーカーなどのサポートセンターに対して、適切に状況を伝え対処できる。

支援のプロ

・学校ICTに関わる全ての人とフラットにつき合うことができる。
・先生からの依頼内容を把握し、適切な情報提供やアドバイス、代替手段の提案等ができる。
・授業のねらいを把握し、先生への適切な支援はもちろん、子供たちとも適切に関わることができる。
・学校内のICT環境に気を配り、いつでも使えるような状態に保つよう努めることができる。

これらのポイントについて、私自身も完璧にできているというわけではありません。しかし、いつもこうありたいとは思っています。プロとはそういうものではないでしょうか。お手伝い感覚では務まらない仕事なのです。

そしてこれは学校の先生方への希望になりますが、こういう矜持を持っているICT支援員には、「ICT支援のプロ」として接してほしいと思っています。これは「尊敬してください」という意味ではありません。「学校で一緒に働く仲間ですから、遠慮せず、ICTに関わる仕事の依頼や相談をしてください」という意味です。同じ職場の職員として気軽にやりとりできるようになれば、教育活動にも、きっとよい効果を生むと思います。これからの学校教育のために、ICTは必須ですから。

雇用形態と責任範囲：契約内容を理解し、適切な対応を

正式な学校職員とはいえ、雇用形態（直接雇用契約・業務委託契約）によって指示命令系統が違ってくるので注意が必要です。たとえば業務委託契約ですと、原則として先生方が仕事を直接依頼できません。委託元の指示に従って働くことになっているからです。つまり悪く言えば「契約した仕事以外のことはできません」ということになります。

けれども、学校のICT支援の仕事は、あらかじめ全て想定することは難しいのです。家事と同じで、名前はついていないけれど重要な仕事、いわば「すきま仕事」がたくさんあります。電子黒板の画面をきれいにしておくとか、電源周りのほこりを取るとか、保管庫のタブレットをきれいにそろえるとか。これらの仕事は、多くの人が意識していないところです。だれでもできそうに見えるかもしれませんが、実はICTの知識がないとできない仕事なのです。

こうした「すきま仕事」は、学校によって違うし、季節によっても違います。「すきま」を

見つけるには、経験と知識が必要です。うまく見つけて対応すれば、機器のトラブルは確実に減りますし、準備や利用も滞りません。そうすれば、自ずとＩＣＴ活用が進みます。ＩＣＴ支援員は、それを裏から支える存在なのです。

だからこそ、教育委員会にとっても、先生方にとっても、ＩＣＴ支援員にとっても、雇用形態を確認することは重要です。正式な学校職員として、責任感を持って仕事ができるように、「すきま仕事」にも積極的に取り組めるように契約を工夫する必要があります。

ＩＣＴ支援員の雇用形態や契約については、第5章で詳しく述べていますのでお読みください。

第1章　まとめ

□ ICT支援員の歴史は20年以上。ミレニアム・プロジェクトをきっかけに本格化し、当初の目標は教員のICT活用能力向上と環境整備だった。

□ ICT支援員の業務は教員支援から環境整備支援など多岐にわたる。

□ ICT支援員は2021年に学校教育法施行規則で正式に位置づけられ、正式名称も決まった。しかし、その配置状況には地域格差があり、課題が残る。

□ GIGAスクール構想は継続中で、教育DXは教育振興基本計画にも明記されている長期的な取り組み。

□ ICT支援員に特定の資格は必要ないが、認定試験などがある。

□ ICT支援員はICTと支援の両面でプロフェッショナルであるべきで、そのために教員とICT支援員は協力関係を築くことが重要。

□ 雇用形態により責任範囲や指示命令系統が異なってくるため、契約内容の理解が必要。

Column 見抜く力・学ぶこと

私がＩＣＴ支援員の仕事を始めたときは、緊急雇用対策で集められた一時的なアルバイトでした。１年契約ですらなく、数か月の契約です。しかも担当校が決まっておらず、４つの自治体を兼務していました。学校内での立ち位置もはっきりしません。不安定な立場で、先が見えない状況で仕事をしていたのです。

それが今では、だいぶ市民権を得てきたという印象があります。教育系のイベントで「ＩＣＴ支援員です」と言っても理解してもらえるようになりました。「学校関係者のみ」というセミナーでも、参加できる場合が増えてきました。

これは、学校教育に関して学べる機会が増えたということでもあります。このように書くと「ＩＣＴ支援員はＩＣＴの知識だけあればいいんじゃないの？」と思われるかもしれません。しかし、授業や校務の支援を適切に行うためには、先生や子供たちに寄り添うことが求められ、そのためにはある程度の知識が必要なのです。

先生が何を希望し、何をやろうとしているのかを見抜き、適切な支援ができれば、先生もＩＣＴ支援員も喜びを感じることができます。さらに、子供が何で困っているのか、何に迷っているのかを想像し、支援できれば信頼感は増すことでしょう。

この「相手の要望を見抜き、適切なアドバイスができる」という力は、今の時代、多くの業界で必要とされています。たとえば私は、海外に出向いてある社長の通訳の仕事もしています。英語の能力はそれほどでもない私が、なぜ採用されたかというと、社長の意図や思いを理解し、要望に寄り添えていたからだそうです。この力はＩＣＴ支援の仕事で鍛えられました。

つまり、学校のＩＣＴ支援員が学校について学ぶことは、遠回りのように見えますが、一般に通用する得がたい力を身につけることでもあるのです。こういう力を身につけてほしいので、私は学校ＩＣＴに関わるすべての方に（少々疎まれながらも）この話を何度もしています。

第2章

ICT支援員が担う4つのミッション

授業、校務、環境整備、研修：学校ICTを支える4本柱

ＩＣＴ支援員の仕事について、第1章で「学校のＩＣＴ活用を裏から支える仕事」と書きました。ここでは、その仕事について具体的に説明していきます。

学校教育法施行規則では、「教育活動その他の学校運営における情報通信技術の活用に関する支援」と書かれています。これだとよく分かりませんよね。そこで私は、ＩＣＴ支援の仕事について内容別に、次の４つに分けて説明しています。

- 授業支援
- 校務支援
- 環境整備支援
- 校内研修

これらの仕事は、どのＩＣＴ支援員にもそれぞれまんべんなく求められています。文部科学省が２０２１年に実施した「ＩＣＴ支援員の配置促進に関する調査研究」において、「分野ごとの業務内容別依頼状況」は、左のようになっていました。

これら４つの仕事はそれぞれ、どんな仕事なのか。順番に説明します。

分野ごとの業務内容別依頼状況（n = 671）

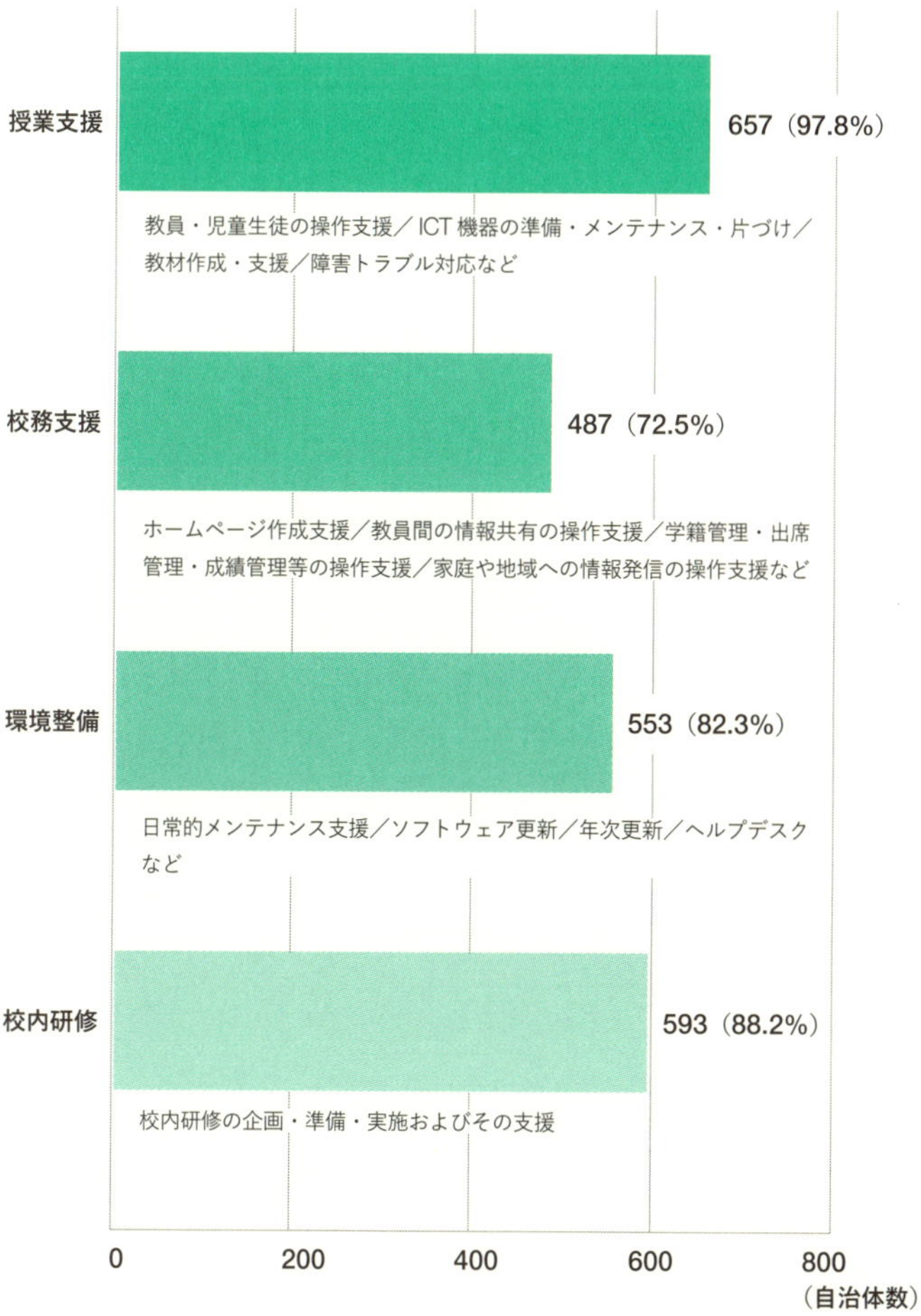

文部科学省「ICT 支援員の配置促進に関する調査研究」（2021 年実施）より作成
https://www.mext.go.jp/content/20210412-mxt_jogai01-000014079_001.pdf

授業支援：先生と子どもたちのＩＣＴ活用をスムーズに

まず「授業支援」というのは、文字通り授業を支援する仕事です。先生のお手伝いをするだけの仕事のように思えますが、そうでもありません。次の3つの仕事があります。

- 教員補助
- 授業者支援
- 学習者支援

教員補助：教材準備から機器管理まで先生の業務をサポート

教材の印刷・配布等

この仕事は、「教員業務支援」と言われることもあります。分かりやすい例で言うと、教材を準備したり、教材を印刷・配布したりする、紙の時代のお仕事です。デジタルの時代になっても紙はゼロにはできませんから。

先生方の中には、表計算ソフトとワープロソフトを連携させた「差し込み印刷」をご存じない方が多いです。もしご存じだったとしても、使い方が分からない方もいます。一方で、先生の仕事の中では、差し込み印刷が活躍する場面は多いです。たとえば、子供たちに初めてアカウントを渡すときや、体力テストの結果を返すとき、名札シールを作成するときなど、個別書類の印刷の仕事が劇的に楽になります。

ただ最近は、「教員業務支援員」を採用する自治体も増えてきました。その場合、こういった仕事は学校が教員業務支援員さんにお願いしている仕事かもしれませんので、状況に応じて分担できるとよいと思います。

機器の保守管理

これは運用ルールに関わる設定変更などではありません。機器の棚卸しや、日常的な機器のメンテナンスです。端末数が増えるにつれ、機器の故障、紛失などが増えてきました。故障のときは、修理に出したり代替機を手配したりします。サポートセンターとやりとりをするのも重要な仕事です。

紛失が発生したとき、まずは一生懸命探します。無くなったと思ったら、すぐに探すのが大事です。もっとも良くないのは、紛失に気づかないことです。だからこそ、機器にナンバリングしたり、台帳を作ったりといったことが必要になります。

これからは、故障や紛失を減らすための啓発というのもＩＣＴ支援員の重要な仕事になっていくかもしれません。

デジタル教科書の年次更新

２０２４年度には、英語のデジタル教科書が小中学校全校に導入されるなど、教科書のデジタル化が本格化しています。このデジタル教科書を利用するためには、アカウント設定が必須です。

しかし、この登録作業や年次更新の作業は、非常に重要な仕事ではありますが、たいへん手間の掛かる仕事になっています。だからといって、ＩＣＴ支援員が手伝えるとは限りません。デジタル教科書のアカウントデータを扱うことが、自治体のルール上問題がないかどうか確認することが必要です。

確認の結果、「契約上できない」ことが分かったとしても、デジタル教科書のアカウント処理の仕事は多忙な年度初めに集中しますから、「どうしても」と先生から依頼されることが多いのも事実です。

ですがこの問題は、現場でなんとなく解決してはいけません。よかれと思って手伝った結果、あとで問題になったというケースもあります。「どうしても」と言われたら、管理職の先生か教育委員会の担当者に相談しましょう。情報セキュリティについては、この後「校務支援」のところで詳しく述べます。

授業者支援：先生への的確なアドバイスとサポートで授業を支える

「授業支援」と「授業者支援」。この二つは、似ているようでだいぶ違います。授業者支援は、ICTを使って授業をする人を支援する仕事です。大まかに言って、次のような仕事があります。

- 先生が授業を行う上で使用するICT機器・ソフトウェアの準備
- ICTを使う授業に参加して行う様々な支援
- 授業が終わってからICT面での後処理

授業で使用するICT機器・ソフトウェアの準備

GIGAスクールになって端末数が劇的に増えました。けれども、プロジェクターや電子黒板が各教室に配備されていないこともあります。その場合は、授業が始まる時間に合わせて教室へ運び、接続等のセッティングをして、先生が授業ですぐに使えるように準備しておきます。音声を流す場合は、スピーカーの動作確認もしておきます。

Chromecast や Apple TV など、映像と音声を無線で飛ばすようなシステムを使う場合、うまく繋がらないことはよくあるので、必ず事前に確認します。とくに、データを受ける装置のスリープ設定が原因となったトラブルはよくありますので注意が必要です。

これらの準備をするには、ある程度時間がかかりますので、事前に先生から要望を出してもらうようにしましょう。このためにも、ＩＣＴ支援員と先生方が情報共有できるような仕組みを作っておくことが大切です。ただ、個人のＳＮＳなど、公的なものではない連絡先を交換してはいけません。トラブルの元です。

また、教室や機器の周りをきれいにしておくことも大切です。もし配線がごちゃごちゃしていたり、ほこりがたまっていたりしたら、きれいにしておきましょう。この配線の確認とほこり取りは、電子黒板が据え付けられている教室であっても気に留めるようにします。

この「すぐに使えるようにしておく」というのは、地味ですが大切な仕事です。授業でいざ使おうとしたら映らない、サイズがおかしい、繋がらない、音が出ないなんてことはよくありますから。

ＩＣＴを使う授業に参加して行う支援

授業にＴ２として参加する場合、機器やソフトウェアがちゃんと動いているかに目を配ります。端末数が多くなれば、どれかに問題が生じても不思議ではありません。

もしある子の画面に、例のくるくる回転するカーソルが現れてなかなか回復できない場合は、すぐに対応します。端末のWi-Fi接続をオン・オフする、たくさん開いているブラウザのタブを消す、あるいは再起動するなど、すぐにできる方法を試します。最近は再起動しても、データが消えないアプリが増えてきました。できるだけスピーディーに、しかも授業を止めないように配慮するのがポイントです。子供たちは端末を使ううち、操作に慣れていきますから、Wi-Fiのオン・オフやタブを減らすなどの操作は、自己解決できるように、折りを見て教えてあげるのもよいです。

こうしたときのために「この端末は、キーボードの着脱時に機能が切り替わらないことがある」「〇〇のアプリはくるくるカーソルが出やすい」「〇〇教室のあの場所は無線が届きにくい」などの知識を持っておくと迅速に対応できます。

知識習得のためには、自己研鑽はもちろん、同じ自治体のICT支援員と情報交換するのもよいです。私の会社で運営しているLINEのオープンチャット（ICT支援員さんと一緒に次の学校をかんがえる部屋）を活用するのもよい方法です。このオープンチャットは、誰でも参加でき、基本的に匿名投稿です。ただし匿名であっても、守秘義務違反にならないように注意しましょう。

このほか「かんがえる自習室（オンライン）」（https://www.thinkrana.com/kangaeru-ict）というサー

ビスがあります。様々なオンラインツールを使って行うオンラインの勉強会です。月にいくつかのテーマを決め、アプリの使い方を学んだり、使ってみたいＩＣＴツールを試したり、参考になりそうなサイト・書籍を紹介し合ったりしています。

ＩＣＴ面での授業の後処理

授業後の後処理の仕事としては、次のようなものがあります。ＩＣＴ活用が進めば進むほど、後処理の仕事は増えていくでしょう。

撮影した授業動画を編集して共有領域にアップする

・様々な事情で授業に参加できなかった子供のために、授業を動画で撮影することがあります。この場合、その映像のままでは見にくいので編集して共有領域にアップします。

Ｗｅｂフォームで集めたデータを整理する

・Google Formsなど、Ｗｅｂフォームを使って授業の振り返りを集めたり、授業内容の定着を確認する小テストを実施したりする場合があります。

・データ集計後のグラフ作成などの業務を支援します。

授業支援ソフトに提出された子供のデータを整理する

・Google Classroomなどで課題を提出してもらったとき、そのデータの閲覧権限を変更したり、アーカイブしたりといった作業を支援します。

子供たちからの質問に答える

・授業中に回答できなかった質問に対し、きちんと調べて答えます。プレゼンソフトの技など、文書の出来映えを良くするポイントを教えると、子供たちの学習意欲が高まることがあります。

・授業中、恥ずかしくて質問できなかった子がいる可能性があるので、授業後は子供たちの様子を一覧することが大事です。

免許や知識が邪魔になることも

とにかく先生方の仕事がスムーズに進むように働くのがICT支援員です。職員室での支援の場合、ICTを使った仕事は限られているので、慣れてくれば、ある程度予想して動くことができます。

しかし、授業での支援は違います。授業の内容やねらいによってICTを使う場面はさまざまですし、子供たちも一人一人みんな違うので、適切な支援をするのはかなり難しいことです。

先生方との情報交換や、コミュニケーションも大事になってきます。

ところが、この「難しい」ということが、案外伝わりません。ＩＣＴ支援員さんの中にはこんなことを言ってくる人がいます。

「私は発達障害について勉強したから、障害のある子でも大丈夫です」

「私は教員免許を持っていますから、授業の経験があります」

実際、その知識やキャリアがきっかけでＩＣＴ支援員として採用されたのかもしれません。けれども、ＩＣＴ支援員は、支援員であり教師ではありません。授業を下支えする仕事です。ところが下手をすると、特別な免許や知識が「支援」という仕事をする上で、マイナスに働く可能性があります。

また近頃では、「元教師」「元校長」という経歴でＩＣＴ支援員になる方が増えてきました。学校で働いた経験が豊富で教育的な知識があることは、大きなメリットである一方、問題もあります。

- 契約外の仕事なのに、教師の経験があるからこそできる仕事を無意識にやってしまうこと。
- 先生方が相談しにくい雰囲気を作ってしまうこと。
- 教師を支援する側に変わったこと、ＩＣＴ支援員としては初心者であることを忘れがち。

重要なのは、担任の先生との連携、支援をしようとする意識、子供をていねいに見る目、それを支えるICT支援員としての知識と経験です。しかもその知識と経験は、日々アップデートしていく必要があります。

学習者支援：子どもたちの学びを支える個別最適なICT活用支援

「学習者支援」とは、文字通り「学ぶ人を助ける」という意味ですから、子供に寄り添う必要があります。この「寄り添う」を、どう行動に移すかが難しいのです。

たとえば、作業の手が止まっている子がいた場合、「操作に迷っている」と決めつけてはいけません。考えている最中だった場合、声掛けは思考の妨害になってしまいますから。手が止まっている子をよく観察し、その上で「なにか分からないことがあったら、きいてね」と声を掛けるか、見守るにとどめるかを選びます。

子供は一人一人、知識も感覚も距離感もみんな違いますから、たとえ操作に迷っていたとしても声掛けを不快に思う子もいます。マニュアルもないし、正解もないのです。だからこそ、子供との関わり方について、日々勉強していかなければなりません。

ICT支援員はICTのことだけ勉強していればいいというわけではないのですね。もちろん、知識は一朝一夕に身につきませんが、学び続ければ必ず成果は出ます。

「学び続ける」ために、頼りになるのが担任の先生です。子供たち一人一人の特性を把握していますし、声掛けのポイントもご存じなので。先生とのコミュニケーションの機会が増えていけば、徐々に信頼を得ていくことができます。

学習者支援がうまくいくかどうかは、先生とＩＣＴ支援員の信頼関係に尽きるのです。先生方は、最初のうちは「子供を任せられるかな、この人に」という目で見ています。子供を預かる責任を持っているのだから、当然ですね。だからこそ、仲良くなるしかありません。年度当初から学ぶ姿勢で先生と関わり、必要な知識習得と自己研鑽を行い、なるべく早く信頼関係を構築することが重要です。

校務支援：ＩＣＴで先生方の負担を軽減

膨大な校務を効率化：ＩＣＴを活用した業務改善をサポート

これまで説明してきた授業支援の仕事は、ある意味「自分が子供のときに見たことある場面の仕事」ですから、比較的理解しやすい部分です。でも、先生の仕事は授業だけではありません。一般の人が考えるより、はるかに多いのです。生徒として普通に学校に通っていたときの経験や、保護者としてPTAなどのイベントに関わった程度の経験では、想像もできないほど多い、ということを理解してください。

ICT支援で言うところの「校務支援」は、授業以外の全部を支援する仕事です。ふだん保護者や子供が目にしない部分も含まれます。実際に職員室に入って仕事をしてみると、「こんなにたくさん仕事があるの！」と驚くと思います。以下、ほんの一部をご紹介してみましょう。

- 授業で使用する教材の研究・作成（中学校・高等学校は試験問題の作成）
- 試験やドリルの採点
- 提出物の確認
- 保護者への連絡
- 教育委員会などからの調査依頼への対応
- 運動会など行事の計画・準備
- 健康観察
- 学校のWebページ管理などの広報活動

●各種調査への回答

そのほか、学校には養護教諭や司書教諭など特別な仕事をする先生もいます。この方たちは一人で仕事をしていることが多い上に、ＩＣＴを活用する場合が多いので、その支援も大切な仕事になってきます。

先生一人ひとりに寄り添うサポートでＩＣＴ導入の不安を解消

校務の中には、正直言って「表計算ソフトを使えばいいのに」「情報システムを活用すれば、だいぶ楽になるんじゃないかな」と感じる仕事もあります。けれども、それを指摘するのは、時に仕事を増やしてしまう場合があります。

先生方は、ＩＣＴを使った事務処理に慣れていないのですから、不合理に見える部分があるのは当たり前のことです。若い先生の中には「スマホには親しんできたけれど、パソコンはあまり慣れていない」という方もいます。ＩＣＴの校務利用を無理強いされたと感じる人もいるでしょう。そのせいで、かえって忙しくなったり、かえって仕事が捗らなくなったりしている場合だって少なくありません。

ですから、子供たちへの支援と同じように、先生方への支援も「ていねいに」「個に応じた形」で進めることが大切です。先生方の困りごとと自分のスキルや知識を照らし合わせ、どうやったら楽にできるかを一緒に考えるようにしましょう。

だからといって、先生から「〇〇の業務をするツールを作って」などと依頼された場合は注意が必要です。業務整理がなされていない状態でツールを開発しても、業務改善に繋がりません。一部の先生の意見によって安易にツールを作るのではなく、きちんと管理職に相談し、そのツールが本当に業務の役に立つのか確認するようにしましょう。

その上で、どうしてもツールを作る必要がある場合は、説明書と変更履歴を作成するとともに、マスターファイルを必ず残すようにします。次年度も同じ学校に勤務しているとは限らないので、文書で残すことはとても大事です。先生がツールを作る場合も、学校内でシェアするならば、同じように文書やファイルを残すようにお願いしましょう。

校務処理と情報セキュリティ：適切な情報管理とリスク対策

厳密になった情報セキュリティ

校務支援の仕事の中には、外部人材が手を出していい部分と出してはいけない部分があります。ＩＣＴ支援員は、この区別をよく理解しなければなりません。

この部分は、先生方もよく分かっていないことが多いように感じます。中には「忙しいから、データの登録作業やっといて」のように、セキュリティ意識の低い仕事の任せ方をしている例をよく見ます。でも、一つのミスが大きく影響する場合もありますから慎重な対応が必要です。

セキュリティや個人情報保護は、近年だいぶ厳密になりました。原則としてICT支援員がアカウント情報に触れることは禁止です。とくに校務支援システムは、子供たちの機微な情報が登録されていることが多いので、ICT支援員が操作することはできません。これらの取り決めを定める「情報セキュリティポリシー」に従います。

個人情報に関わるアカウントの登録や管理は、先生もしくは管理職の先生が行う必要があります。トラブルを防ぐ意味でもこの原則は守ってください。「そうはいっても」とおっしゃる先生も少なくないので、その場合は管理職の先生か、教育委員会の担当者に相談しましょう。お互いの身を守るため、あいまいに進めてはいけません。

アカウントを扱う場合

自治体の情報セキュリティポリシーが策定されていて、セキュリティルールが確立している場合には、ICT支援員によるアカウント登録作業が可能な場合もあります。情報セキュリティポリシーの分類上扱ってもよい情報の場合などです。

ただこの場合でも、ICT支援員自らが情報セキュリティポリシーと雇用契約を確認した上で、教育委員会の担当者に必ず承認をもらってください。その上で、作業を行う場合は、次のようなことをきちんと記録として残すようにします。

- 作業年月日（何時から何時まで作業したのか）
- 誰に頼まれたのか
- 誰に確認したのか
- どのデータを扱ったのか

これらの情報をきちんと記録することで、情報の行き違いを少なくすることができます。これは同時に、「言った・言わない」や「支援員が勝手にやった」などのトラブルを防ぐ作業でもあります。

教育情報セキュリティポリシーに関するガイドライン

情報の取り扱いが年々厳しくなってきている今、ICT支援員がどこまで関わるか、というのは、今後の課題だと感じます。2024年1月に文部科学省から「教育情報セキュリティポリシーに関するガイドライン（改訂版）」が公表されました。今回で3回目の改訂です。

まだ策定していない自治体は、このガイドラインに従って策定を進める必要があります。ＩＣＴ支援員やその委託元の企業は、自らを守る意味でも、策定をサポートしていく、というのが良いのではないでしょうか。情報セキュリティポリシーについては、第5章でも詳しく述べます。

私自身、「教育情報セキュリティポリシーに関するガイドラインの改訂に係る検討会」で委員を務めています。ＩＣＴ支援員の仕事を考える上でとても重要なガイドラインであり、ＩＣＴ支援員としての仕事を進める上で欠かせないことなので、このあとも何度か取り上げます。

参考 文部科学省「教育情報セキュリティポリシーに関するガイドライン」公表にかかわる情報ページ（https://www.mext.go.jp/a_menu/shotou/zyouhou/detail/1397369.htm）

環境整備支援：快適なＩＣＴ環境を維持する

学校ＩＣＴの縁の下の力持ち：機器管理からトラブル対応まで

環境整備支援は、文字通り学校のＩＣＴ機器等が快適に使えるように、環境を整える支援です。実に地味な仕事ではあるものの、ICT活用を進める上で、とても大事なところでもあります。主な仕事は、次のようなものです。

授業前後の機器チェック・メンテナンス

- 児童生徒の端末忘れ・充電忘れへの対応
- その他の機器や教材のチェック
- 紛失対応
- 消耗品チェック
- 保管庫内台数確認等の棚卸
- 予備機のチェックとメンテナンス

授業や行事の際の機器設置・設定および片付け

- オンライン授業・行事における機器のチェック
- 授業や行事の映像撮影・編集
- 行事などの準備支援・リハーサル支援・撤収支援

故障機のやりとり

・保守業者・教育委員会との折衝・機器の送り出し
・戻ってきた故障機や代替機の受取後の初期設定
・教員、児童生徒への受取連絡と完了報告

教員からの問い合わせ対応

・アプリケーション等の使い方アドバイス
・必要なＷｅｂサービスやコンテンツの調査
・自治体独自のルールの確認

日常的なメンテナンス

・清掃
・校内の機器の破損や故障のチェック
・校内ネットワーク環境のチェック
・ＯＳやソフトウェア・ファームウェアのアップデート

注意すべきポイント：事故や破損を防ぎ、安全な環境を保つ

●状況記録と声掛けの重要性

事故や機器の破損が起きた場合、当事者の子供はもちろん、先生も気が動転してしまうことがよくあります。このときICT支援員は、冷静に状況（いつ・どこで・だれが）を聞き取ってメモしてください。必要に応じて写真撮影もしておきます。これは機器の保障に関わってくるからです。状況によっては、保険の対象にならない場合もあります。

破損の状況によっては、発火の恐れがありますし、子供の怪我につながる可能性もあります。そうした二次被害を防ぐ意味でも、正確に聞き取って報告することはとても大事です。画面が割れても「もったいない」と思って、そのまま使わせてしまう先生もいるので要注意です。

破損させたとき「叱られる」と思った子供が、破損を隠すこともあります。それを発見した場合、叱ったり責めたりしてはいけません。状況を優しく聞き取って「大丈夫、直してもらおうね」などと声掛けしましょう。壊れたときの状況を言いやすくする雰囲気作りが重要です。

●整理と収納は重要な支援

子供たちの端末だけでなく、学校には様々な情報機器があります。プロジェクターや電子黒板、画面転送装置（Apple TV等）がどこに収納されているのか、それらにケーブル・リモコンなどの付属物は揃っているか確認してください。

プログラミング教育用の教材など、毎日は使わないようなデジタル教材についても同様です。収納されている場所を確認するとともに、必要なケアをしておかなければなりません。充電が必要な教材や機器は、定期的に充電しておかないと充電を受け付けなくなったり、故障したりする場合があるからです。また、乾電池を使うタイプの教材・機材だと、電池が入ったままで液漏れして故障、といったこともあります。

機器の付属品は、本当に紛失しがちです。学校に導入されたらすぐに、紛失防止の作業をしましょう。「あとで」は厳禁です。

機器本体と付属品にそれぞれ同じシールを貼るとか、中が見えて丈夫な袋に入れるなど、きちんと整理しておきましょう。そのとき説明書もあると便利です。整理と収納は、重要なICT支援です。

掃除の重要性

コンピュータなどは、静電気が発生するので、ほこりが集まりやすい性質があります。そのほこりは、しばしばトラブルにつながるので、こまめに掃除しなければなりません。

とくにほこりがたまりやすいのは、電源ケーブルの周辺、キーボードのキーの間、機器を冷やすための吸気口などです。掃除をすると、気持ちよく使える上に、故障やトラブルを防ぐ効果があります。実際に、プロジェクターが故障したと言われ、吸気口をきれいに掃除したら直った、という場合がありました。

それから、端末の画面をきれいにすることも大切です。タブレット型でなくても、画面を触って操作する端末が増えました。必ず手垢がつきます。これをそのままにしておくと、故障に繋がります。ただ、「これ、掃除していいのかな」と考えて、きれいにできない子や先生がいるのも事実です。

「授業が終わったら必ず画面をきれいにする」ということをきちんと教えて、習慣化するのがよいでしょう。掃除の重要性については、第3章と第6章でも触れています。

●端末管理のポリシーを

学校の情報端末が一気に増えたことで、端末管理の不備不足が目立ちます。一般企業と比較して、端末の破損率や紛失率はかなり高いのではないでしょうか。もちろん、準備が整わないまま端末の整備が行われたから、子供が使うから、という部分もあります。

一般に清掃が行き届いていない学校は、破損や紛失が多いです。なんとなく廊下が汚れていたり、靴箱が散らかっていたりするような学校の場合、授業もうまく進んでいないのではないでしょうか。端末管理は、こうした基本的な学校運営と必ず繋がっています。きれいに保つことができるよう、ICT支援員から積極的に提案するのも良いでしょう。

国がせっかく配備した端末なのですから、学校や教育委員会は、管理体制をきちんとしなければなりません。情報セキュリティポリシーとともに、端末管理のポリシーも必要です。紛失や破損があったら、それを報告するのは当然として、その後どうするのか。そういう細かいフローを決めておく必要があります。

同時に、故障や紛失、破損を防ぐことも大事です。これは、教育を繰り返すしかありません。そのための教育については、第3章で詳しく述べます。

端末管理のポリシーができたら、先生方とICT支援員とで共有することが重要です。その共有がないと、適切なICT支援をすることはできませんから。

校内研修：ICTスキル向上をサポート

参加しやすいミニ研修：少人数で疑問を解消

一般に研修というと、大勢で集まって長時間行うものを想像されるかもしれません。でも多忙な先生方が一度に集まるのは現実的に難しいでしょうし、先生方のICTスキルや知識もバラバラです。ICT研修に関しては、大人数だとむしろ効率が悪いかもしれません。

そこでお勧めしているのが、数人で行うミニ研修や個別研修です。ICTに関して疑問や相談事が発生したとき、ちょっと集まって話をするのです。そういう形であれば無理がありません。

何より、質問しやすいので心理的なハードルが低いです。ICTに関して、日常で発生する困りごとや質問、気になったことを2~3人で集まって学ぶ、という形式がよいでしょう。もちろんマンツーマンでもよいです。

また、大勢で研修した内容を、ミニ研修でおさらいするというのもよい方法です。たとえば、新しく導入されたアプリの使い方を教えてもらった場合、次のような気持ちになる先生がいる可能性があります。

- 気になった機能をもう一度確認したい
- 自分の教室（または職員室）で試したい
- 児童生徒側の視点で検証したい

とくにメーカーからインストラクターが派遣されて実施する研修は、一般的な環境を想定して行われますから、「自分の学校ではあてはまらないぞ」といったことは大いにあり得ます。そんなとき、学校の環境をよく知っているICT支援員であれば、的確なアドバイスができるはずです。「めんどくさがられないかな」などと遠慮せず、ミニ研修・個別研修をどしどしリクエストしてもらいたいと思います。「こんなことをきいたら恥ずかしいな」という場合でも、こっそりきいてください。

また、多くの先生が、子供も先生も同じ画面を見ていると勘違いしがちです。しかし、先生が課題を配ったときは多くの場合操作画面が異なります。ですから「この操作をしたとき、子供からはどう見えているのか」を確認しておくことを強くお勧めします。できれば、確認専用の子供アカウントを設定しておくとよいでしょう。

ただ、「ＩＣＴ支援員に依頼するときは必ず情報担当の先生を通す」というような運用をしていると、このような研修ができません。それに、情報担当の先生の負荷も大きくなります。必要なとき、気軽に声掛けできるような体制がよいと思います。

スムーズな研修のためには、ＩＣＴ支援員にもアカウントを発行すべきです。先生用と子供用の両方があると、動作検証を依頼できるからです。子供用の操作マニュアルを作成することも容易になります。

対象者に応じた研修：先生方から子供たち、一人職まで

ＩＣＴ支援員が行う校内研修は、先生方が行う校内研修と比べると、ちょっと対象が広いです。

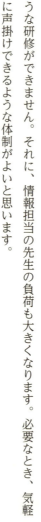

まずは、年度初めなどに、学校に異動してきた方、新規で着任した方（学校に関わる大人全員）に対しての研修です。同じ自治体内での異動でも、学校によってシステムの運用ルールが違うことは良くあります。これを研修などで確認しておかないと、その人が困ってしまうことはもちろん、情報セキュリティ上もリスクが高まります。

次に、子供たちを対象にした研修です。たとえば、端末の扱い方の研修はくり返し実施すべきです。私が「赤ちゃんだっこ®」（※）と呼んでいる方法を教えると、端末の破損率は大きく下がります。この方法については、第3章で詳しく説明します。

さらに、いわゆる一人職と呼ばれる先生への研修もあります。校長先生、教頭先生はもちろん、養護教諭、司書教諭といった先生方は、それぞれ独自のシステムを扱う必要があります。研修というより、個別のアドバイスといった感じで実施します。

最後は、定期研修です。端末管理や情報セキュリティに関する研修は、1回やったら終わり、ではありません。最低でも毎年実施します。これは、忙しさにかまけて、扱いやルール遵守が雑になるのを防止する意味もあります。

この端末管理や情報セキュリティに関する研修は、大人にも子供にも行わなければなりません。この研修を子供向けに行う場合、大人が参加していない場合がありますが、これでは困ります。大人は忙しいので、ついパソコンをいい加減に扱いがちです。不安定な場所に置いたり、普段置かない場所に置いて忘れたり、雑な方法で持ち運んだり。これでは子供に正しい扱いが

※「赤ちゃんだっこ®」は合同会社かんがえるの登録商標です。

浸透するはずはありません。子供は大人を良く見ています。研修を担当するICT支援員は、パソコンの正しい扱い方を子供向けに研修する際、大人も同じように体験するよう促して、一緒に学べるような工夫をすると良いです。子供に教えつつ、大人も学んでいるという研修が理想的です。

たとえば「パソコンは水に濡れるのがきらい」とだけ伝えても、リアルに感じられないことがあります。こんなとき、子供には「ランドセルの中で水筒の水がこぼれたらパソコンが壊れてしまうかも」と伝え、先生には「キーボードの上にコーヒーをこぼしたらアウト」のように伝えると、実感を持って理解してもらえます。「私はまあ大丈夫」などと考える人が少なくないので、大人には強めに言うのがお勧めです。

校内を見渡して、「こんな研修が必要じゃないかな」という判断ができて、管理職に提案できるようになったら理想的です。

授業の中で使い方を学ぶ：実践的なスキル習得

子供たちが初めてのアプリを使うのに、校内研修が間に合わず、担任の先生が使い方の説明に自信がない場合があります。こんなときは、授業でICT支援員が子供たちに説明し、先生はT2として子供たちの様子を見ながら、アプリの説明を聞く、という方法があります。この方法だと実践的なので、研修より理解が早いかもしれません。

この方法で使い方研修を行うとき、もし可能であれば他の先生もお誘いしてみましょう。複数の先生が、同時にそのアプリに詳しくなることができます。「そのアプリ、実は使ったことがありませんでした」という先生は案外少なくないものです。学校のICT活用の底上げにもつながります。

子供が使い方を習っている場に先生が同席していると、大人同士の研修では決して出てこない質問や反応、トラブルがあるので、とても参考になるはずです。授業でのイメージも持ちやすいかもしれません。

今はアプリのアップデートが早いですから、よく使うアプリについては定期的に確認が必要です。機能が増えたり操作方法が変わったりすることがよくあります。その変更点については、先生から少し時間をもらって、授業の中で研修するのがよいでしょう。

先生からの依頼への対応：規約を確認し、授業を想定して伝える

特定のテーマについて先生から研修を依頼されることもあります。最近よく依頼されるのは、Google FormsなどのWebフォームの使い方です。授業の振り返りを集めるのに使ってい

るという声をよく聞きます。さらに、総合的な学習の時間における調査、ミニテストなどにも使われているようです。研修のポイントは次の通りです。

- 質問形式（複数選択か択一かなど）と生成されるグラフの関係を理解する。
- 自動で生成されるグラフは、先生方が望んでいるグラフでない場合も多いので、集めたデータを出力し、思ったような集計やグラフ作成ができるようにする。
- 必要に応じて表計算アプリの使い方についても触れる。

また、プレゼンソフトの使い方研修の要望も多いです。この時は、単なる操作方法だけでなく、授業で使える次のようなアイディアとともに伝えると先生方に喜ばれます。

- 算数・数学の指導に使えるアニメーション教材
- ハイパーリンクを使って意図したページにジャンプする教材
- プレゼンテーションを動画書き出しする（一部できないアプリもあります）

それから、学校でよく使われるアプリケーションには流行があります。ICT支援員は、その学校で導入されていなくても、特定のアプリやシステムが教育関係者のSNS等で流行しているのを耳にしたり目にしたりしたら、一度体験しておくと良いです。そのアプリを導入するために必要な手間とリスクを調べておくと、先生からの問い合わせに対応できます。

そして先生から「流行のアプリで授業をしたい」と相談された場合は、授業でやりたいことの中身をよく聞きましょう。案外、導入済みのアプリでも同じことができる場合もありますので。先生から「どうしても」と言われたら、次のことを行いましょう。

- アプリの利用規約をすべて読む。
- 児童生徒の情報、学校の情報をアップロードするタイプのアプリの場合、自治体の情報セキュリティポリシーに基づいて確認する。
- 「教育版は無料」となっているアプリでも、登録作業等に人手やコストがかかる場合が少なくないので確認する。
- 情報セキュリティポリシーに定められた「新たなアプリを使う場合」に則って利用申請をする。

最新情報に基づく研修：情報モラル、著作権、生成AI

ＩＣＴ活用の研修で欠かせないのは、情報モラルと著作権についての研修です。この分野は、アプリや技術、法律等の変化が激しく急速なので、先生方の知識が追いつかない場合が多いかと思います。

そこで、これらについて子供に教える場合は、ＩＣＴ支援員がＴ１、先生がＴ２として研修を実施すべきです。その学校の事情や実態に合わせて行う（子供たちの実態・その時の困りごとに対応する）ことが重要なので、事前に先生と打ち合わせをしましょう。

先生が今何に困っているのかをヒアリングします。それから、学校支給の端末の問題なのか、個人所有の端末の問題なのかを切り分けることも重要です。先生方からよく問い合わせを受けるのは、次のような内容です。

- 子供たちにチャットを使わせる場合、そこでの振る舞い方
- 写真や動画を撮影するときの肖像権やプライバシーについて
- データを外部に発信する場合の著作権について
- 生成ＡＩの活用事例（校務での利用・授業での利用）
- 個人で利用しているＳＮＳ等へのトラブル対応

著作権については、法改正が頻繁にされていますし、生成ＡＩについては、技術が日進月歩です。これらについては、最新の情報を得ておくようにしましょう。

また、学校での著作物利用については「授業目的公衆送信補償金等管理協会（ＳＡＲＴＲＡＳ《サートラス》）」

という著作権管理団体がありますので、自分の学校が申請済かどうかを検索し、どういう条件で利用可能なのかを確認しておきましょう（https://sartras.or.jp/）。

さらに近頃では、個人のスマホを使ったことによるトラブルが学校に持ち込まれるケースがよくあります。しかし、ＩＣＴ支援員はこうしたトラブルに対応する立場にありません。子供から直接相談されたとしても、具体的な回答は避けるようにしましょう。

ただＩＣＴ支援員は、子供たちの間で流行っていて、しかも先生方が知らないサービスやゲームなどについては、情報を得ておくべきです。それらがきっかけで問題が起きている場合などに、情報提供することができますので。

日々の学びが不可欠：ICTスキルは常に進化

これだけの研修を行うためには、ＩＣＴ支援員は日々の知識習得が欠かせません。さらに、その知識を伝え、相手ができるようにする力も必要です。「知識を伝達して終わり」では、研修を受ける側の印象に残りませんから。第一、おもしろくありません。

そのためＩＣＴ支援員には、ＩＣＴの知識に加え、インストラクションの能力も必要になってきます。この能力は、正確に説明したり、たくさんの人へ一度に伝えたり、分かりやすい資料を作ったりする力です。この力は、支援をする際にも有効になってきます。

また「大勢の人の前で喋るのはちょっと」という人がいますが、克服するしかありません。それはずばり、慣れることです。必要な知識を身につけ、場数を踏めば、必ず上手になります。

日々の学びのためには、信頼できる相談先があるとよいです。同じ自治体のＩＣＴ支援員などにいなければ、前にも紹介した「かんがえる自習室（オンライン）」というサービスがあります（https://www.thinkrana.com/kangaeru-ict）。会員向けのクローズドなサービスです。

ここではインストラクションスキルを身につける練習をすることもできます。普段のやりとりはスラック（Slack）のようなチャットツールを使っています。ここに「質問部屋」というチャンネルがありますので、相談を投げかけるとよいでしょう。

第2章　まとめ

- □ ICT支援員の仕事は「授業支援」「校務支援」「環境整備支援」「校内研修」の4本柱。
- □ 授業支援には「教員補助」「授業者支援」「学習者支援」の3つがある。
- □ 校務支援はICTで先生方の負担を軽減する役割。
- □ 環境整備支援は機器管理からトラブル対応まで幅広い。
- □ 校内研修は先生だけでなく子供たちも対象。ICTスキル向上をサポートする。
- □ 大人数の全体研修より、少人数で行うミニ研修や個別研修が効果的。
- □ 情報モラル、著作権、生成AIに関する最新情報などの知識が必要で、そのために日々の学びと知識更新が不可欠。

Column 校内研修の裏ワザ

ここまで紹介してきたICT支援員の仕事の中で「校内研修」というのは、他とはちょっと違う仕事です。アプリや機器の操作方法を知っていても、それを教えるとなると、別の知識やスキルが必要となります。その意味で、個人的には、校内研修が一番難しい仕事かなと思っています。

先生方への研修を行う場合、夏休みなど長期休業のとき以外は、時間的には放課後になることが多いです。先生方は朝からの業務で疲れている時間帯ですから、研修内容が頭に入りにくい状況にあることを前提に考える必要があります。

私がよくやっていたのは、説明の一部を先生にやってもらうという方法です。研修を受けている先生の中には、そのアプリや機器について、知識や経験を持っている方が必ずいます。これは、研修していると、その様子で分かります。実際に操作してもらったときの動きがスムーズだったり、分からない先生にアドバイスしたりしていますから。

そうした先生に、「この部分、○○先生はお使いになったことありますか」と尋ねるようにしています。もし使ったことがあれば、「もしもよろしかったら、どのように使ったかを説明していただけますか」と頼んでみます。たいていの先生は受けてくれます。先生方の説明であれば、「○○の授業でこう使った」「校務でこう使った」などの具体的な話になるので、他の先生方にとって有意義な話になります。ＩＣＴ支援員にとっても、大きな学びになります。

こうして知り得た事例については、紹介してくれた先生に「この事例、とてもよかったので、他の学校で紹介してもよいですか」と確認を取りましょう。よい事例を、他の学校へ広めることは、ＩＣＴ支援員の大事な仕事の一つです。それを教えてくれた先生にとっても、自分の実践を他の人に知ってもらえる機会、価値づけてもらえるよい機会でもあります。

第3章

ICT支援員の現場で、まず考えるべきこと

活用を促進させるための基盤：安定したネットワーク環境

子どもたちの学びを止めない：高速ネットワークの重要性

学校のＩＣＴ環境を考えたとき、何が大事かと言えば、今は断然ネットワーク関連の環境整備です。端末台数とネットワークの太さが釣り合っていて、しかも速さが安定している学校は、黙っていても活用が進みます。でも実際には、

「ネットワーク遅いんだよ」

「ちょっと待っててね〜」

「せんせー、まだ画面が固まってる！」

などという状況になっている学校は、まだまだ多いのではないでしょうか。こんな状況になるのは絶対に何か問題があるのに、先生方は、

「仕方ない」

「こういうもんだよね」

などとあきらめたり、放置したりしてしまいがちです。こうなると、ＩＣＴ活用に大きな労力が必要になりますから、徐々に使われなくなってしまいます。

多くの子供たちは家庭で高速なネットワークに慣れていますから、画面が「くるくる～」となっても待てません。その状態で、さらに様々な操作をするから、よけいに動かなくなるわけです。

今はアプリもネットワークが前提のものがほとんどなので、ネットワークが貧弱だったら授業どころではありません。学習者用デジタル教科書も同様です。

国もこの点を問題として考えて、整備の後押しを頑張ってくれていると聞きます。「ここに書いてあることは古いな。今はこんなことないよ」と笑われる日が来ることを期待しています。

ネットワークの「遅さ」は授業の敵：問題点の把握と的確な報告

学校のネットワーク環境を考えたときに怖いのは、先生方が悪い環境に慣れてしまうことです。ちょっと動かすと画面の中のカーソルが「くるくる～」となってしまう状況が続くと、だんだんそれが当たり前になってしまいます。その分、授業時間が削られるわけですから、指導計画が乱れてしまうことでしょう。これでは困りますね。

問題は、時間が削られることだけではありません。先生から相談されるトラブルで、かなりの部分を占めるのが、ネットワークに原因があるものです。学校のＩＣＴ活用は、今や安定したネットワークなしには成り立ちません。

ネットワークに問題があるとき、教育委員会やサポート会社に「とても遅いので、授業に支障が出てます」などと具体性無く連絡しても、対応は難しいです。なぜなら「遅い」というのは、個人の感覚であり、その情報だけでは、対応のしようが無いからです。

- ネットワーク機器（アクセスポイント・無線ルーター等）の状況
- どのような場面（使用している人数・使用場所・使用アプリ）で遅くなるのか
- 遅さが出現する頻度
- 遅くなる時間帯に特徴はあるか

このようなことをまとめ、ＩＣＴ支援員が「遅さ」の状況をできるだけ詳しく報告します。日常的に機器のメンテナンスをしたり、授業の様子を見たりしている支援員なら、詳細に報告できるはずです。また、複数の学校を担当しているＩＣＴ支援員なら、他の学校と比較して報告することもできるでしょう。

ネットワーク機器などの不具合は、再起動すると改善することはよくありますが、勝手にやってはいけません。こういう場合の対応フローを決めておきましょう。ICT支援員が直接保守業者に連絡して良い場合もあるし、教育委員会を必ず経由しなければならない場合もあります。いずれにしても、ネットワーク機器を操作することは契約上認められていないことが多いです。よかれと思っても、勝手に触らないことが賢明なやり方です。

ネットワークアセスメント：専門家の診断とICT支援員の役割

ネットワークの太さや速さについては、専門家が診断しないと分かりません。多くの場合、導入業者と関わりの無い第三者が診断することが多いです。この診断のことを「ネットワークアセスメント」と言います。

ネットワークアセスメントの際、大事になってくるのは、いつも授業に入っているICT支援員が同席するということです。それには次のようなメリットがあります。

- 普段から授業の様子やトラブルを見ているので、どのような状況でどう遅いのかを伝えることができる。
- 授業での体感速度と、ネットワークアセスメントの数字が違った場合に指摘できる。
- 今までのトラブルの記録を説明しながら見せることができる。

アセスメントの担当者は、その学校に来るのが初めての場合が多いので、ＩＣＴ支援員の同席によって、助けになる情報提供ができれば、解決への近道となります。

ただし気をつけたいのは、アセスメントの担当者に、自分の意見を述べたり自分の要求をしたりしないことです。ＩＣＴ支援員が伝えるべきなのは、正確な情報と事実だけです。そのために、報告書に書けるようなメモを取っておくことは習慣づけましょう。

２０２４年４月、文部科学省から「学校のネットワーク改善ガイドブック」が出ていますので、ぜひ読んでおいてください（https://www.mext.go.jp/content/20240509-mxt_jogai01-000035663_001.pdf）。

ＩＣＴ活用を円滑にする、チーム学校での情報共有

ネットワークは、いったん整備したらそれで終わりというわけではありません。日頃の整備とチェックが大事です。これはＩＣＴ支援員が日々チェックし、状況を記録した結果を学校の管理職や教育委員会に報告する必要があります。この情報は、ＩＣＴ活用の推進や予算の策定のために、大いに役立つからです。

しかし、その情報共有が一方通行になっているケースがよくあります。ＩＣＴに関わる情報が管理職や教育委員会に留まっていて、ＩＣＴ支援員に伝えられないというケースです。

たとえば、２０２４年４月に配布された学習者用デジタル教科書に関して、大きな混乱がありました。デジタル教科書のアカウント情報などが、教科書会社から直接学校に郵送されるこ

とを、多くのICT支援員は知りませんでした。そのため急な対応に追われ、効率的に作業を進めることができなかったのです。もし事前に知らされていれば、それなりの準備ができたはずです。

デジタル教科書については、もしかすると国の情報を調べていれば対応できたかもしれません。しかし「学校で○月に工事が入る」「各学校で○○のアップデートをしてほしい」というような自治体限定の情報が、管理職のところに届いても、ICT支援員まで届かないことがよくあります。

こうした齟齬を防ぐために重要となってくるのが、報告書と日頃のコミュニケーションです。

これには、次の4つがポイントとなります。

- 報告書は教育委員会から求められる観点から簡潔に書く
- 報告書が長くなった場合は、サマリー（要点）を付ける
- 報告書の中身をテーマごとに整理して書く
- 報告書以外に、ICT支援員と管理職、教育委員会が対面で情報交換する機会を設ける

このうち、「実際に対面して話す」というのが、案外大事だと思っています。顔を知っている関係になれば、意思の疎通もスムーズになりますから。

クラウド時代の必須知識：アカウント管理の重要性

ネットワーク接続の鍵：アカウント管理の基本

アカウント管理については、第2章「ＩＣＴ支援員が担う4つのミッション」で既に述べました。端末のネットワーク接続が常識化しており、クラウド型のソフトウェアが増えています。今やアカウント管理を抜きにして、ＩＣＴ支援員の仕事は語れません。

近年大切になってくる知識として、シングルサインオン（Single Sign On）があります。これは、一度のユーザー認証によって、複数のソフトウェアが利用可能になる機能のことです。この機能があると、システムごとにユーザーＩＤとパスワードの入力が必要なくなります。

ただ、この機能を誤解して、「メールアドレスでログイン」することと、「Googleでログイン」することとの違いが分かっていない人が少なくありません。こうした誤解を解消し、複数のクラウドアプリを快適に使うためにも、シングルサインオンの知識は、今後ますます重要になっできます。ICT支援員としては、常に最新の知識を身につけるようにしましょう。

それから、アカウント登録のことばかりを考えがちですが、転出・卒業などの際のアカウント削除、進級の際のアカウント更新の知識も必要です。これらの手順は、マニュアルに書いてありますので、必ずチェックしましょう。

なお、ソフトウェアごとにアカウント数の上限が設けられていることが多いです。ですから転出・卒業等でアカウントが使われなくなった場合には、削除をしなければなりません。ただ、アカウントには子供の大事な学習データが紐付いています。アカウント削除の際は、自治体のルールを確認の上、慎重に行うことが大切です。

情報セキュリティを守る：アカウント管理における注意点

アカウント管理に必要なことは、情報セキュリティ上の確認です。第2章で述べたことと一部重複しますが、大事なことなので、もう一度確認するポイントを挙げておきます。

- セキュリティポリシー上、ICT支援員が扱ってよい情報かどうか
- いつ、誰が、誰に、どのようなデータを預けたか
- データを削除してよいか（コピーした場合・設定に使用したデータの扱い）

アカウント情報を取り扱う業務をするのは、先生が忙しい時期がほとんどです。ＩＣＴ支援員が作業に慣れていて、先生とのコミュニケーションができていると、かえってアカウントの取り扱いがお任せ状態になってしまうことがあります。先生にとっては「言わなくてもやってくれる」という一見便利に感じる状態とも言えます。

しかし、いかなる場合でも情報セキュリティポリシーに定められた以外のことを行ってはいけません。必要最低限の情報以外は受け取ってはいけません。作業に当たってどのような項目の情報が必要なのかを明確に伝えましょう。

作業をする際は、まず十分な時間を取ってください。落ち着いて作業をするのに重要だからです。そして離席する場合は、必ず画面をロックします。

学校の端末を借りる場合、ＩＣＴ支援員が自分のアカウントでログインすることになりますが、その際は、必要な部分以外には触れてはいけません。

作業や手続きの煩わしさが、セキュリティをゆるくしてしまうことがよくあります。情報セキュリティポリシーを徹底する意味でも、ＩＣＴ支援員の作業用端末が必要なのです。アカウント管理は、絶対に間違いがあってはいけないので、作業とあわせて記録を取るようにしましょう。

高価な端末を守り、学びを継続：端末破損防止対策

端末破損は学びの機会を奪う：金銭的損失と教育への影響

授業でのICT活用が当たり前になればなるほど、端末は必要不可欠なものになります。破損や故障があると授業が止まってしまい、子供の学ぶチャンスを大きく損ないます。不慮の故障は別として、不用意に扱うことによる破損は絶対に避けなければなりません。

もう一つのダメージは、金銭的なものです。2024年4月に埼玉県で端末の修理費が6億円に達したとの報道がありましたが、このように各地で修理費が想定以上になっています。

故障した場合、修理費は誰が負担するのでしょうか。

もちろん、地域や学校によって事情は異なるとは思います。保険に入っている場合もあるでしょう。しかし、故障や破損の状況によっては、保険の適用外になることもあります。予算や責任の所在などが絡んでくるだけに、難しい対応となることは間違いありません。

なぜ端末は壊れる?：学校と家庭での破損リスク

故障や破損が起きるのは、学校でだけではありません。2024年に公開された東京海上日

動火災保険の調査によれば、何らかの方法で情報端末を家に持ち帰らせている学校は8割に達します。持ち帰る途中、持ち帰ってからの故障・破損も結構あります。

同社による調査結果をまとめると、次のようになります。

- 故障・破損率は、自宅への持ち帰りがある場合、学校のみで使用している場合と比較して、自然故障は約2倍、破損は約4倍。
- 破損の要因としては「落下」が最も多く、全体の約26％を占めている。
- 故障・破損に際し、修理費用の一部または全部を使用者側で自己負担した割合は19％。

故障や破損が起きる背景には、子供たちの意識が関係していると思います。学習者用端末を、ゲーム機と同じように考えているのです。しかしゲーム機は、ある程度乱暴に扱っても大丈夫な設計になっています。学校で渡される情報端末は、そうした乱暴な取り扱いを想定していません。

また先生方から、次のような意見を聞くことがあります。

「子供のやることだから仕方がない」

「故障しても、保障されるのだからのびのび使わせたい」

けれども、故障や破損が頻発すれば、困るのは先生と子供たちです。自己負担が生じる可能性もあります。保険に入っていたとしても、使い方によっては保障されません。それに、多くの人が保険を利用すれば、保険料が値上がりしてしまいます。こうなると、整備全体の予算に影響し、結果として品質の低い端末を整備しなければならないことになってしまうかもしれません。

参考 東京海上日動火災保険株式会社「GIGAスクール端末の適切な使用に向けたユーザー調査結果について」(https://www.tokiomarine-nichido.co.jp/company/release/pdf/240401_01.pdf)

端末を長持ちさせる5つの秘訣

子供たちに適切な使い方の教育をすれば、故障率は劇的に下がります。では、どのような教育をすれば良いのでしょうか。教えるポイントは次の5つです。

- タブレット・パソコンが嫌いなことはしない
- 置くときは、机からはみ出さず「そっと置き」
- 閉じるときは「そっ閉じ」
- 運ぶときは「赤ちゃんだっこ」
- しまうときはていねいに

それぞれの内容については、このあと詳しく述べていきます。

タブレット・パソコンに優しく接する：NG行動を知っておこう

最も嫌いなことは振動や衝撃

タブレットやパソコンを、移動中などに落とすという場面はよく目にします。前述した東京海上日動火災保険の調査でも、故障原因のトップが「落とす」でした。学校で最も多い破損は、「角が割れる」「画面が割れる」です。

それから、鞄の中でずっと振動を与えるのも適切ではありません。鞄やランドセルにしまうときは、しっかりケースに入れましょう。タオルを巻いて入れるのもよいです。精密機械は、ずっと振動を加えられるのが苦手です。

暑さ・寒さが苦手です

体育の授業などで校庭や体育館に置きっぱなしにしてはいけません。タブレットやパソコンが耐えられる温度を超えて、故障してしまうことがあります。また、家に持ち帰ったとき、車の中に置きっぱなしにしたことで、高温にさらされて壊れる、というケースがよくあります。

それから低温の状況では、普段より電池の消耗が早くなります。電池にダメージを与えてしまう可能性もあります。

圧力を受けることが苦手です

体育の時間にタブレットやパソコンを使うときは、置き場所を決めておきましょう。踏みつけたり置き忘れたりしがちです。授業中の置き場所を決めておけば、授業が終わったときに忘れていないか確認できます。

また、家に持ち帰ったときは「ソファに置きっぱなしでその上に座った」「床に置きっぱなしで踏んだ」という事故があります。床などに置くことは避け、机の上などに置きましょう。

水や汚れは厳禁

タブレットは、少し水がかかった程度では壊れないような作りになっています。けれども、鞄やランドセルの中で水筒の水が大量にこぼれて濡れるというのには耐えられません。

それから、土や砂の上に直接置くのもダメです。タブレットやパソコンには、磁石が入っているので、砂鉄を引き寄せてしまいます。砂鉄が中に入ってしまうと壊れる可能性が高いです。

また、家に持ち帰ってタブレットやパソコンを使うとき、食べながら、飲みながら使うのは避けましょう。キーボードの間に、食べ物や飲み物が入ってしまうと、正常に動かなくなることがあります。

それから、タブレットやパソコンにお茶やコーヒーをこぼしがちなのは先生です。パソコンを操作しながらの飲食は原則禁止。どうしてもという場合は、ふたの付いた飲み物にするか、パソコンを一段高いところに置くなどの配慮をしてください。

「そっと置き」で衝撃を軽減：机の上は整理整頓

机の上を整理して真ん中に置く

タブレットやパソコンを机の上に置くときは、まず机の上を整理します。ごちゃごちゃしているところに置くと、何かの拍子に落ちてしまうということがよくあります。机の端に置いてもいけません。なるべく机の真ん中に置くようにしましょう。

それから、画面を開いたままで離席しないこと。セキュリティの観点でも問題ですし、開いたまま落としたら確実に破損します。

置くときは「そっと置き」

タブレットやパソコンをそっと置くのは簡単そうに思えますが、子供には案外難しいことです。何も教えていない学校では、タブレットやパソコンを、机の上にポイッと投げてしまう子がとても多いです。

そっと置くことを意識してもらうために、私は**「そっと置き」**と名付けています。行為に名前を付けた方が教えやすいからです。

「そっと置き」には、それなりの筋力が必要です。家で、落としても大丈夫な食器を使っていたり、ゲーム機をポイと投げていたりすると、その筋肉が鍛えられません。ですからそっと置く練習が必要です。給食の配膳の際、盛り付けた食器やトレーをそっと置くなどの練習をするとよいことを伝えましょう。

「そっ閉じ」で画面割れを防ぐ：優しく丁寧に扱おう

「バタン！」と閉じると、その衝撃で壊れてしまうことがあります。もし、鉛筆やクリップなどがはさまっているときに「バタン！」とやると、画面が割れてしまいます。今のパソコンは、ぴったり閉まるように作られているので、クリップのような小さな物でも、はさまっていると画面割れにつながります。そっと閉じれば、衝撃は与えませんし、仮に物がはさまっていたとしても気づけますから画面は割れません。

キーボードが外れるタイプの場合は、相対的にキーボード側が軽い場合が多いので、軽い側からそっと閉じるようにします。これを意識してもらうために、私はこのそっと閉じることを「**そっ閉じ**」と呼んでいます。「そっ閉じ」をするのにも筋力が必要です。

「赤ちゃんだっこ」で安全に運ぶ：両手でしっかりホールド

タブレットやパソコンを「持つ」「運ぶ」ときには「**赤ちゃんだっこ**」というのを推奨しています。子供たちに「両手で持ちなさい」というだけだと、多くの子がお盆みたいに持ちます。これでは、足下が見えないので危険です。一方、おなかにくっつけて抱くだけだと、するっと落ちてしまうことがあります。

「赤ちゃんだっこ」のやり方

①両手で端末を持ち、縦にしてお腹につける

②片方の手で端末を下から支える

③もう片方の手で横から端末を押さえる

このやり方であれば、ノートなどほかの荷物があるときも、一緒にだっこすることで運ぶことができます。さらに、この持ち方は体の幅を狭くする効果もあります。廊下などで人とすれ違うとき、ぶつかって落としてしまうのを防ぐこともできます。

この「赤ちゃんだっこ」は、タブレットを渡した最初に教えることが大事です。持ち方にはクセが出がちなので、後から教えても、なかなか身につきません。

「しまうときはていねいに」：保管庫やカバンへの収納方法

保管庫にしまう場合、ランドセルや鞄にしまう場合は、ていねいに取り扱いましょう。

保管庫の中のケーブルがぐしゃぐしゃに垂れ下がっていて、ドアを閉めたら断線という事故が多数発生しています。まず保管庫をきれいに整理しましょう。

保管庫にしまう場合は、電源ケーブルや仕切板の取り扱いに注意を払います。ケーブルをひっかけたまま無理に押し込んで断線、ということはよくあります。端末をきちんと閉じず、保管庫の仕切板にはさんだまま押し込んで故障、という場合もありました。

鞄やランドセルにしまうときは、前に書いたように、しっかりケースに入れましょう。タオルを巻いて入れるのもよいです。衝撃や振動を与えないようにすることが大切です。

筋力も必要：自分の体をコントロールできる筋力

情報機器を積極的に使っている福島県の学校法人西郷学園、西郷《にしごう》幼稚園では、故障や破損はほとんど発生しません。パソコンやタブレットの取り扱いもていねいです。その上、幼児には難しいとされるマウス操作（ダブルクリック、ドラッグ&ドロップなど）ができますし、ウインドウ上部にある小さいバッテン（閉じるアイコン）を簡単にクリックすることもできます。

その理由は、体幹と手先が鍛えられているからです。子供たちは、普段から山に遊びに行ったり、でこぼこ道を散歩したりしています。手先を使う工作もしています。当然、これらを行うための練習をしているので、そのための筋力がついているのです。

「そっと置き」や「そっ閉じ」は、心がけの問題と思われるかもしれません。しかし、実は子供たちにとって相当の筋力が必要な動作なのです。素早く足を屈伸するより、ゆっくり屈伸した方が筋肉を使うのと同じ理屈です。

端末を適切に扱うためには、自分の体をうまくコントロールすることが重要です。そのためには、必要な筋肉があるということを理解してください。

持ち帰り時の注意点：学校外での破損・紛失を防ぐ

持ち帰り前の準備：忘れ物・取り違え防止

タブレット・パソコンの破損や紛失は、登下校の最中や、家に持ち帰ってから発生することが少なくありません。ですから、使い方指導と同じくらい、持ち帰り指導も大切です。

持ち帰るために、まずしておきたいのが、タブレット・パソコンの本体と付属品すべてに、持ち主が分かる目印を付けることです。目印は、同じ色のシールに番号を印字したものがよいでしょう。たとえば、黄色いシールに⑤のような丸囲みの数字を印字したものを、本体、充電ケーブル、その他付属品（マウス、ペン、キーボード、カバー等）それぞれに貼ります。このとき、使用者の名前は書かないこと。防犯上のリスクになることがあります。

これらすべてがそろっているか確認できるように、一式そろったところを撮影して下図のようなカードを作成し印刷しておくとよいです。さらに可能であれば、その写真をパウチしておきましょう。この写真を一緒に持って帰ることで、

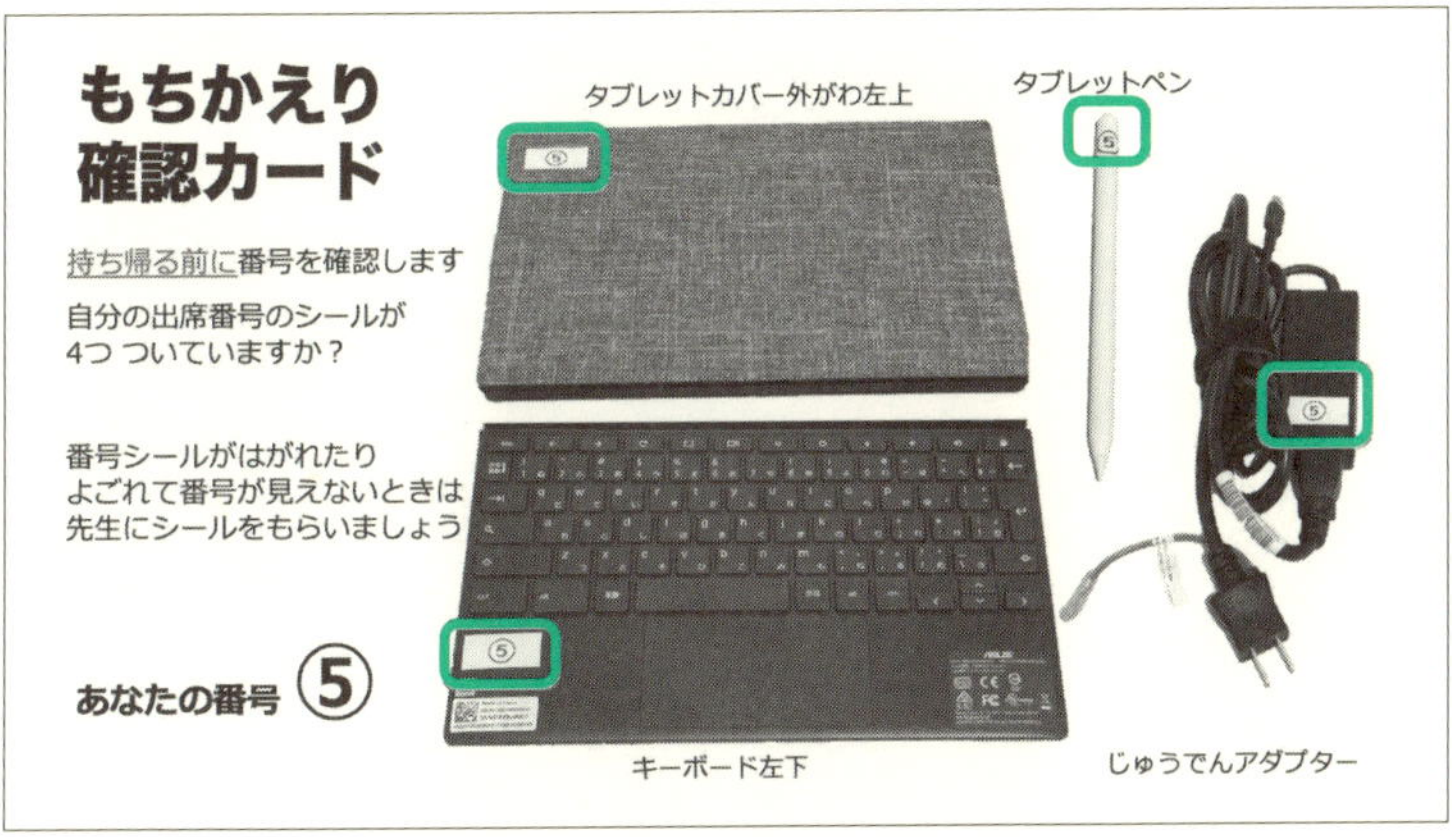

確認しやすくなります。おうちの人と一緒に確認することも可能です。写真を見ながら確認すれば、付属品を無くしたり、取り違えたり、破損したりしにくくなります。

持ち帰る前の動作確認：破損や不具合を見つける

持ち帰る前には、自分のタブレット・パソコンとその付属品に同じシールが貼られているか確認します。もし剥がれていたらすぐに貼り直します。

シールが貼られていたら次の点を確認します。

- 本体や画面、キーボード、充電ケーブルにキズはないか
- 電源は入るか・シャットダウンできるか
- ログインはできるか
- カーソルは正常に動くか・タップして反応するか

もしキズが確認できたら、写真を撮って報告するようにします。小さくても破損があったら、持ち帰らない方がよいです。手を切るなど怪我の原因になることがあります。

登下校時のルール：安全な持ち運び方

タブレット・パソコンを鞄やランドセルに入れるときは、ケースに入れるなど衝撃が加わら

ないように工夫しましょう。その上で、歩いて持ち帰ります。走ってしまうと、衝撃が継続的に加わるので、故障や破損の危険性があります。

それから登下校時のバスや電車で使うのはいけません。置き忘れによる紛失はよくありますし、画面をのぞき見される恐れもあります。写真を撮っていると誤解されるかもしれません。車内で写真を撮るのは不適切です。

さらに歩きながら使うのは絶対禁止です。転んだり交通事故に遭ったりする危険性が高まるからです。

タブレットやパソコンを持ち帰る際、家と学校以外では取り出さないことを徹底してください。

家庭での使い方：適切な環境とルール設定

家に持ち帰ってからの故障や破損は、かなり多いです。次のような決まりを作るとよいでしょう。

- 手を洗ってから使う
- 飲みながら、食べながら使うのは禁止
- 手洗い所やお風呂など、水のある場所ではなるべく使わない
- 充電ケーブルは、必ず専用のものを使う
- 家にある他の機器に、充電ケーブルを使わない

タブレット・パソコンの持ち帰り時の注意点まとめ

持ち帰り前の準備	・本体と付属品全てに同じ色・同じ番号のシールを貼付する。 ・防犯上の理由から、名前は書かない。 ・一式そろえた状態の写真を撮影し印刷する。できればパウチ化しておく。
持ち帰り前の動作確認	・シールの確認。はがれていれば貼り直す。 ・本体や付属品の破損をチェックする。 ・電源・ログイン・基本操作の確認をする。
登下校時のルール	・衝撃を防ぐためケースに入れるかタオルにくるんで鞄に入れる。 ・走らずに歩いて持ち帰る。 ・公共交通機関内では使わない。 ・歩きながらの使用は絶対禁止。 ・学校と家以外では取り出さない。
家庭での使用ルール	・使用前に手洗いをする。 ・飲食中には使用禁止。 ・手洗い所やお風呂など、水回りではなるべく使わない。 ・充電には、専用の充電ケーブルのみを使う。 ・家にある他の機器に充電ケーブルを使用しない。

毎年の指導が大切：使い方・持ち帰り指導の実践

毎年教えることが大切

子供に限らず、人間は忘れる生き物ですから、使い方指導・持ち帰り指導は、毎年やることが大切です。それも年度初めや長期休暇の前に。そうすると、破損率は劇的に下がります。

毎年学ぶことによって、適切な扱い方ができるようになってきた高学年の子がいたら、その子が低学年の子に教えるというのもよい方法です。子供は子供から学んだ方が理解が早いことがよくありますから。それに、教える側も確実に学ぶことができます。

子供の特性や学校の事情に合った方法で

タブレットやパソコンを大切に扱ってもらうため、端末に愛称をつけるのもよい方法です。「自分のもの」という意識が自然に芽生えますし、愛着も湧きます。ただ、ちょっと幼いやり方なので、気乗りしない子がいる可能性もあります。この方法を実施するにあたっては、子供の気持ちを尊重してください。ほかに、「自分のお気に入りのシールを貼る」というやり方をしている学校も見受けられます。

また、子供たちに1枚ずつ画面拭きの布（液晶用クリーニングクロス）を提供するのも効果的です。「使った後は必ず画面を磨こう」といったルールで運用すれば、ていねいに扱うようになります。画面に付いた手垢もきれいになって、一石二鳥です。

ほかにも良いアイディアは、たくさんあることでしょう。重要なのは、端末に愛着が湧くような施策を、扱い方の指導とセットにすることです。

無理せず大人が手本を示して

ここまで述べてきた指導のポイントは、とてもたくさんありますから、いっぺんに教えるのは無理です。教えられる方も、腹落ちしません。毎日少しずつ、小分けにして教えるのが良いです。

さらに重要なのは、学校の大人がお手本となることです。使い方、持ち帰り方のポイントは、学校に関わる大人全員が必ず守ってください。子供たちは、大人のことをよく見ています。

第3章 まとめ

- ☐ ICTを活用した授業を成立させるために、安定したネットワーク環境が非常に大切。
- ☐ ネットワーク問題を解決するには、ICT支援員による具体的な報告が重要。
- ☐ アカウント管理はICT支援員の重要な業務。情報セキュリティに配慮したアカウント管理が必須。
- ☐ シングルサインオンの知識が今後ますます重要に。
- ☐ 端末の適切な使用方法の教育により、故障率が劇的に低下する。毎年の使用方法指導と、大人が手本となることが、端末保護に効果的。
- ☐ 「そっと置き」「そっ閉じ」「赤ちゃんだっこ」を教えることで端末を守る。
- ☐ 端末の適切な扱いには子供たちの体幹や筋力も重要。

Column 体の使い方も重要

二十年以上学校のICT支援に関わってきて、最も感じるのは「子供が変わった」ということです。端的に言って幼くなっています。

これには様々な要因があることでしょう。私が近頃感じているのは、「子供の危険を先回りして防ぐ」というタイプの製品が増えたということです。落としても壊れない食器、机や椅子の角に貼り付けるウレタンなど。

子供の安全を考える上で、これらは確かに効果があります。しかし、これは同時に壊したり怪我をしたりする経験を奪っていることでもあります。「落としたら割れる」「乱暴に扱ったら壊れる」ということを経験しないまま小学生になっている可能性があります。

それから本文でも触れましたが、生活の中で筋力をつける機会も奪われていると感じます。たとえば図工の時間に使う粘土は、昔は油粘土で、こねるのにものすごく力が必要でした。しかし今は力をほとん

ど必要としない粘土を使っているので、筋力がつきません。

こういう状況で、入学後にタブレットを渡されたら、相当「重い！」と感じるはずです。「そっと置き」「そっ閉じ」は、自然にはできません。だから使い方指導の徹底が重要なのです。

年配の先生や教育委員会の中には、こうした子供たちの状況変化を実感してない方が少なくないと感じます。中には「壊すのも経験」と言う人もいました。しかし、その考えには賛成できません。物を壊してしまった最初の経験がタブレットだったとしたら、ショックが大きすぎるからです。使うのが嫌になってしまうかもしれません。

タブレットの使い方を教えるのは、体の使い方を教えるということでもあります。私が「赤ちゃんだっこ」の持ち方を提唱し始めたのは、2015年くらいです。間違った持ち方が広がらないよう、商標登録もしました。使い方指導、持ち方指導については、子供たちの健全な発達を支えるという意味で、信念を持ってやっています。

第4章

先生方とICT支援員：よりよい連携のために

ICT支援員への理解を深める：役割、契約形態、勤務時間

初心者ICT支援員を支える：研修体制と継続的なサポート

ＩＣＴ支援員は、ＧＩＧＡスクール構想による急激なニーズの高まりによって、多くの人員が一気に募集されました。そのタイミングでこの仕事に初めて就いた人が大勢います。さらにこのとき新たにＩＣＴ支援員を派遣する仕事を始めた会社も増えました。

ＩＣＴ支援員に初心者が多い理由は、こうした「初めて」の人が多いことに加えて、入札制度の問題もあります。入札する企業は、落札してから募集を開始する関係で、多くの場合、採用した方への研修期間を十分に確保できません。ですから、ＩＣＴ支援業務の目的や、学校で使う特殊な機器やアプリケーションの機能や操作についての知識や理解、さらには学校での振る舞い方や学校教育についての基礎的知識が足りない、といったことが発生しやすいのです。

こうした「初心者の壁」を乗り越えたとしても、1年契約の場合、翌年には交代となってしまう可能性大です。せっかく1年かけて築いた知識やスキル、先生方との信頼関係が断ち切られ、またゼロからのスタートとなってしまうわけです。

ＩＣＴ支援員が、いつまでも初心者であっていいわけはありません。それを解消するために

は、次の体制が必須です。

- ICT支援員としての採用後の研修体制
- 複数年契約による長期的なサポート体制
- ICT支援員を支えるリーダーや管理者の存在
- ICT支援員と教育委員会が定期的にコミュニケーションする体制

学校のICT活用には、ICT支援員を配置したからOKということではありません。先生方や教育委員会、ICT支援員と保守業者など、多くの方が手を取り合って進めるような体制が必要です。

意外と知られていない、ICT支援員の業務範囲

ICT支援員に、どのような仕事が依頼できるのかについて、先生方に正しく伝わっていないことがよくあります。

これまでICT活用は、先生個人に任されており、得意な先生は新しいものを次々に取り入れる一方で、苦手または必要ないと考える先生は、まったく使っていませんでした。そのため、一口に「支援する」と言われても、先生ごとにイメージが大きく異なり、「頼んでよいこと」と「頼

めないこと」の線引きもバラバラだったのです。

私自身も「え！　そんなことを頼んでいいんですか？」というセリフを何度も耳にしました。ＩＣＴ支援員としての通常業務さえ、頼めないことだと勘違いされていたのです。そうかと思えば、絶対にできないことを依頼されることもありました。

ＩＣＴ支援員の仕事については、第２章で概要をお伝えした通りです。大切なのは、これを現場の先生にしっかりとご理解いただくことです。そのためには、管理職と教育委員会による周知がポイントになってきます。

学校全体で共有したい、ＩＣＴ支援に関する情報

スムーズなＩＣＴ支援を行うために、先生方には、ＩＣＴ支援員の仕事や契約形態、勤務時間等を知っておいてもらう必要があります。ポイントは次の通りです。

契約形態とその内容を正確に伝える

- 業務委託なのか直接雇用なのか。業務委託の場合、教職員が直接指揮命令することはできません。
- 単年契約なのか複数年契約なのか。

ICT支援員に相談したり依頼したりできること・できないことを一覧にする

・入札の時などに作成した委託仕様書を参考に一覧表を作成。
・児童生徒の個人情報に関わる業務は担当できません。
・担当教師が立ち会わない形で授業を担当することはできません。

ICT支援員の勤務時間や勤務ローテーション

・多くのICT支援員は、契約上決まった時間だけ学校に滞在します。
・事前の相談なく、学校や先生個人の都合で規定よりも長くICT支援員を勤務させたり、休日などに出勤させたりすることはできません。
・学校都合で支援日時を変更してほしい場合の手続きを決めておきます。

これらのことが共有されていないと、トラブルになりがちです。実際に、次のようなケースがありました。

●「今日のレクリエーションの時間、ICTを使って何かやって」など、授業自体を丸投げされるケース（法律上授業の主担当にはなれません）
●授業中、教室を出て行ってしまう子に対して「ちょっとこの子を見ておいて」と依頼され

るケース（スキルがありませんし、契約外の仕事なので対応できません）

●児童生徒の成績データ、住所や保護者のデータなど、個人情報のファイル操作を依頼されるケース（情報セキュリティポリシー上、扱えません）

こうした依頼をしてくる先生に対して、ICT支援員の多くは断りにくいものです。だからこそ、依頼できる仕事かどうかという点は、学校の共通認識にしておく必要があります。

授業参加を通して、先生方を理解する

授業のねらいを共有：ICT活用を効果的に

ICT支援員による授業への立ち会いは、先生方からどう見えているのでしょうか。

「操作で困っている人いないかな～」

「ICTのトラブルないかな～」

というようにパトロール気分で見回っている人、という印象があるかもしれません。でも、ICT支援員の「支援」とは、本来そういうことではありません。

私は、ICT支援員さんたちには、まずは授業の中身に関心を持って、

「この授業面白いな」

「へえ、そうなんだ。知らなかった！」

といった感じで、授業の参加者になりましょうと伝えています。

参加者としての視点で見れば、自分が子供のときに受けた授業とは違ったものに見えてくるはずですし、先生の意図とか、子供の反応の理由なども見えてきます。もちろんICT機器やアプリの不具合が起これば、すぐさま対応するということは大前提です。授業の中身に関心を持って参加することを続けていると、支援の質が変わってきます。

たとえば先生から「音楽の授業で五線譜を共有したい」と言われた場合、子供たち同士で共有したいのか、あるいは先生の五線譜を子供に配布したいのかによって、操作方法は変わってきます。「自分の作成しているファイルを見られたくない」という子がいた場合に、別のアプリを提案するという方法が採れるかもしれません。

ICTの知識に加え、授業のねらい、子供の特性を理解していると、より的確なアドバイスができるのです。

授業見学の意義：意図にそった支援をするために

残念なことに先生方の中には、

「私はＩＣＴは使ってないから授業は見なくていいよ」
「子供の気が散るから、教室へ勝手に入らないで」
などと言って、ＩＣＴ支援員が授業に入ることを拒む人がいます。教室に入れたとしても「ＩＣＴの操作補助だけやってくれればいいから」などとおっしゃる人もいます。こうなってしまうのは、ＩＣＴ支援員の役割が正しく理解されず、障害対応だけだと思われていることが原因だと思います。

ＩＣＴ支援員は、ＩＣＴを使っていない先生を探し出すスパイではありません。授業で効果的に使っていただくべく、よい支援をするために授業が見たいのです。たとえＩＣＴを使っていない授業でも見学して学びたいのです。授業のことを理解できなければ、授業者支援も学習者支援もできませんから。

一方で積極的に「授業を見て感想を教えてください」という先生もいます。私が関わっているＩＣＴ支援員は、ＩＣＴを使わない授業に参加し、感想をレポートしました。そのレポートは学校で評判を呼び、他の先生も教室に誘ってくれるようになったそうです。その結果、学校の雰囲気が非常によくなったと聞いています。

ＩＣＴ支援員が、先生方からこういう信頼をもらえたらいいなと思います。

すべての先生方のＩＣＴ活用をサポート：気軽に相談できる存在に

学校のICTのすべてを、情報担当の先生に任せてしまってはいないでしょうか。「ICT支援員に依頼するときは、すべて情報担当の先生を通す」というルールになっている学校もあります。

しかし、このような仕組みだと情報担当の先生の負担が大きすぎます。だれでも気軽にICT支援員に質問したり、依頼したりできる雰囲気が大事です。

「こんな相談しちゃまずいかな」

「今さらこんなこと聞けないな」

と思ってしまう先生も、いろいろ質問や相談をしていただくことで、ICT支援員と先生との間に交流が生まれ、それが適切な支援につながります。

支援する仕事がなくて、ICT支援員が職員室でぽつんと一人、というケースがよくあります。こうした場合、ICT支援員の側も、先生方に積極的に関わることが大切です。たとえば、ICTに関わらない仕事（印刷とか帳合いなど）の手伝いをするという方法があります。そうしたお手伝いの中で、話をするうちに先生方も「これを頼んでみようかな」「これを聞いてみよう」という気持ちになれるでしょう。

「ICT支援員だから、デジタルの仕事しかしちゃいけない」などと杓子定規に考えず、学校を支える職員の一人としてできる仕事を考えましょう。

信頼関係を築き、ICT活用を推進：ポリシー共有と協力

ICTに詳しい先生のなかには、非常に高度なことを質問される方がいます。けれども、ICTに関わる全ての知識を持っている人はいません。それでもICT支援員としては「できません」とは言わず、何がしたいのかを、ていねいに聞くようにしましょう。案外、対応できる要望だった、ということもあります。

もしも知らないことをきかれたら、「分からないので教えていただけますか」「調べてみるので、お待ちいただけますか」などと返しましょう。先生は教えるのが仕事なので、「教えてください」と言われて悪い気はしないはずです。

また、ICT環境や情報端末の運用ポリシーは、たいていの場合、学校独自または自治体独自のものです。年度初めなどに、ポリシーをきちんと教えてもらうようにしましょう。

このポリシーは、学校全体でも明確に共有されていないことがあります。最初は厳密なポリシーだったとしても、人事異動を重ねるうちに曖昧になるというのは、よく聞く話です。明文化されていないポリシーがあれば、メモしてまとめ、職員室に掲示すると喜ばれます。

先生とICT支援員は「学校の授業をよくするための仲間」だと私は思っています。ICTの運用ポリシーを共有し、互いに協力し合う関係になれれば、先生方もよりよい授業ができるようになるのではないでしょうか。

小学校のICT支援：担任の先生を支える

情報共有のハブや「通訳」になる

多くの小学校では、クラス担任の先生が一人でほとんどの教科を教える「学級担任制」を採用しています。同じ学年で複数のクラスがあれば、授業の進度も足並みをそろえるのが一般的です。

こうした特性がありますから、ひとつのクラスで実施したICT支援は、ほかのクラスで授業を行う場合のヒントになります。ICT支援員は、支援内容を簡潔に分かりやすくまとめておき、担任の先生や管理職に報告すると良いでしょう。いわば学校内での情報のハブになるわけです。ハブが機能して、情報の風通しが良くなると、学校の雰囲気も良くなります。

また「通訳」としての仕事も大事です。ここで言う「通訳」は、ICTに関わる言葉を分かりやすく説明するという意味です。ICT活用が進むにつれて、得意な先生の言葉が、苦手な先生に、うまく伝わっていないなと感じることが増えてきました。分からない言葉をそのままにしてしまうと、その差がどんどん大きくなってしまいます。言葉が分からなくて置いてきぼりになる人を出さないようにするのもICT支援員の仕事です。

事前の打ち合わせで、スムーズな授業支援を

授業での支援をより良くするため、また分かりやすい報告書を書くためには、授業前の打ち合わせが大切です。先生方とICT支援員は、次のようなことを共有しておきましょう。

授業内容と本時のめあて

・ICT支援の基本は、操作の手伝いです。授業内容に関わる支援は原則として行いません。けれども授業のゴール（本時のめあて）が分かっていると、不測の事態に対応しやすくなります。

使う予定のICT機器・アプリ

・最近のアプリは頻繁にアップデートがあります。事前に使用するアプリが分かっていれば確認しておくことが可能です。

・使うアプリが分かっていれば、トラブルがあったとしても圧倒的に対処が容易です。
・使用する機材特有のトラブル対応も準備できます。

気を配ってほしい児童への対応方法

・発達的な特性がある子、外国籍児童等へは、先生の方針を理解して対応します
・ICT支援員が勝手に判断して対応してはいけません。

その他先生がICTに関して心配なこと

・アプリの使用方法をICT支援員が説明する必要がある場合は、説明に入るタイミングを先生に教えてもらいます。
・その他心配な点はないか確認します。

とはいえ、先生方は忙しいですし、ICT支援員の訪問回数も限られています。授業前の打ち合わせ時間が取れない場合は、学校で使っているチャットツールを使うのがお勧めです。先生が授業の予定や依頼事項を、思いついたときに伝えておいてくれれば、ICT支援員の対応がスムーズになります。

「打ち合わせは必ず対面で」と思わなければ、日常的なコミュニケーションが容易になります。

もちろん、さらなる意思疎通のために、休み時間に学校内を巡回したり、先生方と雑談したりするのもよいでしょう。

学年ごとの子供の特徴を知っておく

ひとくちに「小学生」といっても、低学年と高学年では、必要とされる支援がまるで違います。低学年は、学習だけでなく生活面でのフォローも必要になってきます。高学年だと、思春期特有の配慮が必要になる場面があります。

また、地域特性（地縁特性・経済特性など）によっても子供たちの様子はずいぶん違ってきます。同じ自治体内であっても、地域特性が違うことは珍しくありません。「小学生のとき、自分はこうだった」などと決めつけず、ベテランの先生からアドバイスを受けるなどして、接し方を工夫しましょう。適切に接していれば、やがて子供たちからの信頼を得ることができます。

子供たちへの接し方を学ぶために、優れた教育書を読むのも良い方法です。たとえば北海道の公立小学校教師・宇野弘恵先生が書いた『スペシャリスト直伝！　小学校高学年担任の指導の極意』『スペシャリスト直伝！　小1担任の指導の極意』の2冊（いずれも明治図書出版刊）はお勧めです。どちらも具体的な事例を元に書かれているので、理解しやすいはずです。

中学校・高等学校等でのICT支援：教科の特性を理解する

教科担任制と学年団：中・高におけるICT活用の特徴

中学校や高等学校は、ほとんどが「教科担任制」です。一人の先生が特定の教科を担当し、専門性を生かした授業を行います。したがってICT活用については、教科ごとの差が大きいという特徴があります。使いやすいICT教材が豊富にある教科では、積極的にICTが使われる一方、ICTがほとんど使われない教科もある、という状況です。

さらに、小学校と比較して、講義型の授業をする先生が多いということも指摘されています。こうした授業では、先生がプレゼンソフトを使う場面はあっても、「個に応じた学び」という点でのICT活用は、ほとんどありません。

それでもGIGAスクール構想によって、学習者用端末が整備されて以降、多くの教科で利用されるようになりつつあります。生徒とのやりとりや課題の配布回収、成績処理などがデジタル化されたことも一因でしょう。「教科担任制」には、ある教科でICT活用が決まれば一気に進む、という特徴があります。

また、同じ学年を担当する先生のつながりを意味する「学年団」という意識もあります。これは、中学校・高等学校・特別支援学校等の文化を理解する上でとても重要なキーワードです。生徒指導や生活指導、進路指導は、この単位で行われ、良くも悪くも同調性があります。

中学校・高等学校・特別支援学校等でＩＣＴ支援をする際は、こうした文化を理解しておく必要があります。

学校ごとの支援の特徴

中学校・高等学校等では、生徒が端末を操作する際のサポートは、小学校ほどは要望されないことが多いです。とはいえ、生徒がすべての操作に慣れているというわけではありません。生徒への操作研修を依頼する学校が増えています。先生方は、操作研修を頼んでよいものか迷っているケースも多いので、気軽に頼んでもらえるような雰囲気作りを心懸けましょう。

授業準備や授業後のデータ整理の支援が多いという特徴もあります。

先生方がある程度自由にアプリや機器を選択できる場合には、

「授業で○○をするのに適したアプリはないか」

「既存のアプリで○○は実現できるか」

といった問い合わせを受けることが考えられます。日頃から、各アプリを活用した事例、とくに教科に特化したアプリの情報には目を配っておきましょう。

特別支援学校のＩＣＴ機器やアプリは、運動能力や視覚・聴覚を補助するものをはじめ、特殊な機器も多いので、支援にあたっては、それらの知識が必要です。子供へのサポートでは、さらに教育的な知見が必要になりますし、個人個人でも異なります。ですから、他の校種以上に、先生方と連携し、子供たちの情報を得ておくことが必須です。

私のこれまでの経験からすると、よりよいＩＣＴ支援のためには、やはり授業を見せてもらうのが一番だと思います。授業を見せてもらうと、先生方の様子や子供たちの状況が実感できるからです。日常使いの様子を知っているからこそ、様々なＩＣＴ支援が可能になります。活用できそうなアプリを提案することもできるでしょう。

高等学校への支援

高等学校等には、「情報」という教科があります。情報科の先生は、生成ＡＩなど最新のＩＣＴ技術に興味を持っていたり、それを授業で使ってみたいと思っていたりする先生がいます。ＩＣＴ支援員は、よき相談相手になれるように、最新の技術知識を得ておきましょう。もちろん、情報の教科書に目を通すことは必須です。

また高度なプログラミング教育を行うためなどに、外部の専門人材を招くことがあります。この授業では学校の機材を使うことがほとんどです。ＩＣＴ支援員は、学校の状況をよく知っているので、担当の先生と連携しながら、外部人材の授業を上手にサポートしましょう。

高等学校では、アプリの年齢制限を受けない場合が多く、使えるソフトウェアが劇的に増えます。また、学校ごとに特色ある機器やソフトウェアを使う傾向にあります。とくにＤＸハイスクールに指定された学校では、高度なデータ処理が可能なハイスペックＰＣやＶＲ機器が導入されることがあります。それらのすべてを網羅することは難しいですが、学校の方針に沿った情報収集に努めましょう。

高等学校の端末は、自治体が整備したものではなく、家庭で購入したものである場合も多いです。またスマホを使う場合もあります。こうなると小中学校とは、情報セキュリティポリシーや運用ポリシーが変わってきますので注意が必要です。

環境整備支援：新年度の準備と注意点

中学校・高等学校・特別支援学校等において、年度始めにとくに多い支援は、環境整備支援と校務支援です。近年はクラウド活用が進んできたので、年度始めや新しい端末・システムが導入された直後は、それらの初期設定支援が非常に重要となります。

このとき、情報セキュリティポリシーの確認と、教育委員会との情報共有をしてください。進路関係や生徒指導関連で、小学校以上に、個人情報が関わることが多いので、確認はさらに重要です。

それからとくに高等学校・特別支援学校では、独自予算で機器やアプリを導入するケースが多い、ということにも注意が必要です。担当の先生から情報を得て、必要があれば設定等の支援をします。

新年度の支援で大切となるのは、異動してきた先生や新任の先生の端末設定です。これが終わらないと、授業や校務に取り掛かることができません。

このとき考慮しなければならないのは、中学校・高等学校等では、先生ごとに端末の設定が異なることが多いということです。ほとんどの先生が同じ環境の端末を利用する場合が多い小学校とは、この点が大きく違うので、必ず確認しましょう。

先生方へのお願い：ICT支援員を、共に学ぶ仲間として

ここまでは、ICT支援員の仕事や役割についてお話ししてきました。ここでちょっと、ICT支援員の立場から学校の先生方への「お願い」を述べさせてください。

ICT支援員を名前で呼んでほしい

先生方にぜひ気に留めていただきたいのは、ICT支援員の呼び方です。「支援員さん」では寂しいので「五十嵐さん」のように、ぜひ名前で呼んでください。これだけでずいぶん距離は縮まります。

そうはいっても、名前がすっと出てこないこともありますよね。そのための工夫として、私はＩＣＴ支援員に、平仮名で名前を書いた名札をつけるようにすすめています。平仮名であれば小学生でも読めますから。

ＩＣＴ支援員も先生方の名前を知りたいので、できれば先生方も名札をつけてほしいです。難しい場合は、職員室の席次表をいただければうれしいです。

近頃の名札は、首から提げるストラップ型が多いと思います。このタイプの名札だと、名前の部分が裏返ってしまったり、角度によって名前が見えなかったりする場合があるので、クリップ等で留めておくとよいです。こうすれば、名前で呼び合うことが容易になり、コミュニケーションが円滑になります。

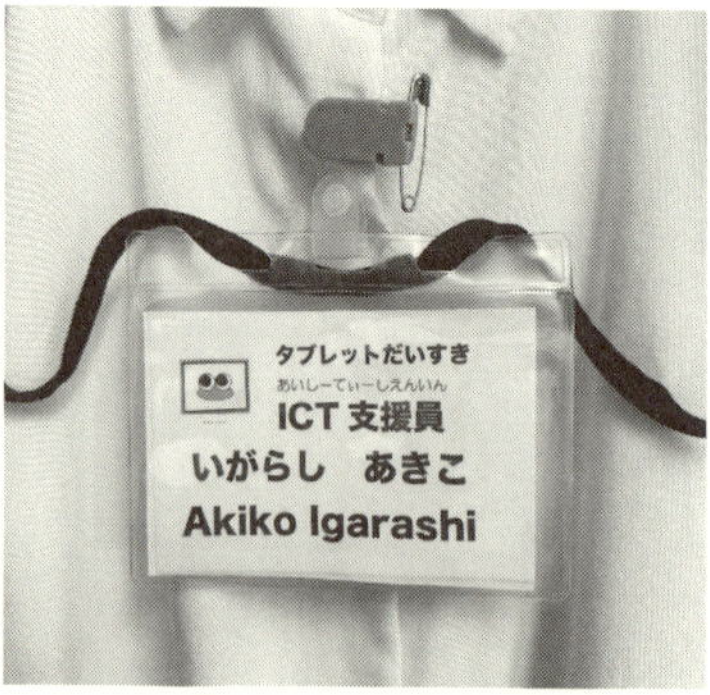

積極的にＩＣＴ支援員に関わってほしい

校務の負担軽減をするだけでなく、授業をよりよいものにするお手伝いをするのもＩＣＴ支援員の仕事です。ですから授業づくりの上でも、先生方から積極的に関わってください。とくに、ＩＣＴが苦手な先生、ＩＣＴにメリットを感じていない先生からこそ話を聞きたいです。

年度初めのころ、ほとんどのＩＣＴ支援員は、多少なりともアウェイ感をもって着任します。

ですからとくに年度初めには、声をかけてほしいです。

先生方と仲良くなり、本音で話せるようになってくれば、

- ICTが苦手な先生は、何が苦手なのか
- ICTにメリットを感じない先生は、どのあたりに問題を感じているのか

といったことが分かるようになってきます。ICTに対してネガティブな意見を知ることができれば、ICT支援員の視野が広がります。

たとえば、授業で使う共同編集できるアプリへの困りごととしては、次のようなものがあります。

- 誰が書き込んだデータなのかがわからない
- 誰かがデータを消してしまった
- 変な書き込みをされた
- 子供たちが勝手な交流を始めてしまう

こうした問題が発生した場合、それへの対応は先生の考えや子供の特性によって変わってく

るでしょう。ICT支援員が「○○の問題が発生したとき、どのように支援するか」というレベルで、先生方と打ち合わせしておくことができれば、より有効なICT活用をすることができるのではないでしょうか。先生方との打ち合わせの質も向上することでしょう。

遠慮なく修正や改善を依頼してほしい

ICT支援員がツールの使い方の説明などをした場合、先生方の中には「授業の流れに合わないな」「授業でやりたいこととずれているな」と感じる人がいるでしょう。ICT支援員は、先生が授業でやりたいことに沿いたいと思って操作説明をしているつもりです。しかし、その思いと先生方の実際の思いが、毎回一致するとは限りません。ずれは、必ずあります。

ICTが苦手な先生は、違和感があっても言い出しにくいことでしょう。「ICT支援員が一生懸命伝えてくれているのに」などと思いやってくださる方がいるかもしれません。先生方から指摘されることは、ICT支援員にとっては、またとない学びの機会なので、遠慮なく意見を出してもらえるようにお願いすることが大事です。

一方でICT支援員は、先生方から修正や改善の意見をもらったら、できるだけ素直に受け止め、迅速に修正をしましょう。先生の指摘の意味が分からなかった場合、ICT支援員は、質問するなどして確認することが大切です。

修正や改善の意見は、否定ではないのですから、落ち込む必要はありません。こうしたやりとりが重ねられれば、間違いなく信頼関係の構築につながります。行き違いも減っていくことでしょう。

よりよい授業は、先生とICT支援員の連携から

先生方は、日々「子供に力がつく授業がしたい」「子供に適切に理解させたい」と考えておられることでしょう。ＩＣＴ支援員もそれは同じです。基本的にＩＣＴ支援員は、良い授業を行うための裏方だと思っています。だからこそ私は、ＩＣＴ支援員には、授業内容に興味・関心をもってほしいと伝えています。

先生は、できるだけ授業に集中できるよう、そのサポートをＩＣＴ支援員に依頼してください。たとえば「教材研究のために、あちこちのサイトを検索して調べなければならない」となったとします。「何年生の何の教科のために調べて」と気軽に頼んでください。ＩＣＴ支援員は「オッケー！　調べときます」という感じでやりたいのです。ＩＣＴ支援員の方が先生より検索は（おそらく）上手だし、なにより先生の時間を確保できます。

「ＩＣＴを使って子供たちの多様な読みを尊重する」という国語の授業では、読み取ったことを絵に描いたり、動画にしたり、プログラミングしたりする、という活動が考えられます。このとき、子供たち一人一人のやりたいことにすべて寄り添うのは、先生一人では無理です。ＩＣＴ支援員と事前に授業の打ち合わせができていれば、かなりの部分をサポートできるで

しょう。

また、新しいアプリが導入されたときなどは、先生が必死に覚えて教えるよりは、ＩＣＴ支援員が子供たちに説明した方がスムーズです。もちろん、先生が授業に同席していることが前提ですが。

こうした連携がスムーズになってくると、ＩＣＴ活用の質はもちろん、授業の質も上がるのではないでしょうか。新しいアプリはどんどん開発されていますし、同じアプリでも新しい機能が次々と加わっています。こうした情報と、先生方が授業でやりたいことをマッチさせられたらいいですよね。先生方とＩＣＴ支援員の連携で、それが可能になると思います。

第4章 まとめ

- □ 急激なニーズ増加による人員増によりICT支援員の多くが初心者である。研修体制と長期的サポートがICT支援員の成長のために必要。
- □ ICT支援員の業務範囲を学校全体で共有することが重要。
- □ ICT支援員は、授業参加を通じて先生方を理解すべき。
- □ 小学校では学級担任制の特性を活かした情報共有が効果的。
- □ 中学校、高等学校では教科担任制と学年団の文化を理解する必要がある。
- □ 年度始めの環境整備支援は特に重要である。
- □ 先生とICT支援員が名前で呼び合い、積極的に関わることが大切。
- □ 先生とICT支援員の連携が授業の質向上につながる。ICT支援員は授業内容に興味を持ち、裏方として支援する。

Column　学校は驚きの連続

ＩＣＴ支援員として学校に入るようになったとき、本当に驚きの連続でした。

一番特殊だなと思ったのは、学校に居る人全員が、同じ時間割で動いているということです。学校の常識ではありますが、このやり方は、だいぶ特殊な組織運営の方法です。学校のような時間割で運営されている企業は、まずありませんから。

しかも、この時間割は厳格に運用されています。チャイムが鳴る学校もあります。授業の支援に入るのに「5分くらい遅れてもいいですよ」という先生は、まずいません。

次に特殊だと思ったのは、常に子供がいる環境ということです。大人だけの職場では考えられない、安全面や健康面などにおいて、様々な配慮がなされています。たとえば小学校と中学校では階段一段の高さが違いますし、学校用の安全な窓ガラスを使っている学校も増えています。先生方の服装も同様です。上履きとしてスニーカーを履いて

いる先生が多いのは、階段が多い学校でも動きやすいことと、緊急時に素早く動けるからです。

これらは、外部からやって来ると驚くことですが、先生方は特別なことだとは思っていません。学校の常識になっているからです。ちょっとでも「これは、どうしてこうなっているのかな」と疑問に思うことがあれば、積極的に先生に尋ねてみましょう。「理由を知って納得！」ということが、結構あるかと思います。

今は学校も大きく変わっています。だれしも小中学校を卒業していますが、ICT支援員として学校を訪問したとき、自分が在校生だったときとの変わりように驚くと思います。ハードウェアもソフトウェアも、アクセシビリティの面で大きく変わりました。

大切なのは、自分の常識にとらわれず、「そういうこともあるんだな」と、柔軟な姿勢で臨むことです。そうでないと、先生方のニーズに応えていくことはできません。

第5章

教育委員会に期待すること：ICT支援体制の構築

公立学校のＩＣＴ支援員を導入するのは、教育委員会です。ですから導入したＩＣＴ支援員が、学校現場で活躍するためには、ＩＣＴ支援員の雇用・配置・活用について教育委員会側にも明確なビジョンが必要になります。これがないと、せっかく現場に入ったＩＣＴ支援員が十分に動けません。

そこでこの章では、導入の主体となる教育委員会の方々を対象に、ビジョンを持つために必要と思われる情報と私からの提言をまとめてみました。参考にしていただければ幸いです。

現場の声を反映したＩＣＴ環境整備を

現場を知ることが第一歩：教育委員会による学校訪問

ＩＣＴの導入を進める教育委員会や役所の人は、ぜひ学校に出向いて授業、それも普通の授業を見てください。現場を知ることはとても重要です。そして先生方とともにＩＣＴ支援員と話をしてください。その上で、ネットワークをどう組むのか、どんな端末を導入するのかを決めていただきたいと思います。

端末選びについては、先生方、ICT支援員それぞれが意見を持っているはずです。ぜひ意見を聞いてみてください。現在使っている端末の、よい点や課題が見えてくると思います。

ネットワークについては、Wi-Fiが中心となっていますが、次のような学校状況の場合は、LTEモデル端末（SIMカードまたはeSIMを利用するパソコン）の導入も選択肢に入れた方がよいかと思います。これも、先生方やICT支援員にヒアリングしないと判断できないことです。

- Wi-Fi環境がないご家庭が多い
- 校外学習が多い
- 学校規模が小さい

ICT支援員は、教育委員会の人が来訪し話を聞いてもらえると嬉しいものです。その意味でも、ぜひ訪問して、ICTに関わる様々な話を聞いてください。

ネットワーク環境の充実：仕様策定と継続的な改善

第3章の最初にも書いた通り、どのような端末を導入するにせよ、ネットワーク環境の充実は大きな課題です。それも「つながればよい」レベルではなく「多くの端末が一度に操作されてもサクサク動く」というレベルでなければなりません。端末もソフトウェアもネットワーク接続が前提となっているものがほとんどだからです。しかも、デジタル教科書が本格導入されれば、その重要性はさらに増すことでしょう。

その意味でも現場に出向くことが重要です。

- 普通の授業を見て、ネットワークや端末性能が十分かどうか確認する
- 先生方やＩＣＴ支援員から「本当のところ」を聞く
- 第三者によるネットワークアセスメントが重要であることを知る

こうして現場の声を生かし、ネットワーク整備を予算化し仕様書を策定しても、次年度にうまく引き継がれないことがあります。立ち消えになったり、低いスペックに変更されてしまったりすることもあります。引き継ぎでは、仕様書を渡すだけでなく、その仕様に至った意図や調査結果等を伝えるようにしてください。教育委員会の先生方は、仕事がたくさんあって大変なことは分かりますが、この引き継ぎは非常に重要です。

２０２４年４月、文部科学省から「学校のネットワーク改善ガイドブック」が出ていますので、ＩＣＴ支援員は、教育委員会の先生方にお勧めするとともに、自らもぜひ読んでおいてください（https://www.mext.go.jp/content/20240509-mxt_jogai01-000035663_001.pdf）。

自治体内でのすりあわせを：ICT活用を推進する組織体制

　教育委員会で教育を担当する人が、ネットワークや端末整備を訴えても、財務担当の部局に理解されないということがよくあります。ICT支援員の業務内容も、ICTの環境支援を主としていくのか、教育支援を主としていくのか、考えが異なる場合もあります。

　こうした意識のずれは、快適なICT環境の構築を阻害しますので、ぜひ、すりあわせをお願いしたいです。財政部局の方が、実際に学校を訪問して状況を確認し、話を聞いていただくのが理想ですが、実際には難しい場合が多いでしょう。その場合は、教育担当の方が、学校を訪問して得た情報を具体的に伝えるとともに、調査結果等説得力のあるデータを示していただければと思います。実際に見たり聞いたりした情報であれば、かなり説得力を持つはずです。

　ICT支援員の業務内容は、学校のICT環境によって大きく変わります。ネットワークが遅かったり、端末の故障が多かったりするような環境では、テクニカルな支援で手一杯になるはずです。一方、高速ネットワークで端末の保障体制が十分な学校であれば、テクニカルな支援は少なくなり、授業支援の方が多くなっていくと思います。デジ

タル教科書が主たる教材になろうとしている今、高速ネットワークと授業支援の重要性は、これからもどんどん高まってくるはずです。この点を財務担当の方にもご理解いただき、快適なネットワーク環境と、教育支援の体制を作っていただければと思います。

ICT支援員を支える雇用環境

情報共有でICT活用を加速：教育委員会とICT支援員の連携を

ICT支援員という仕事は、一般にはなじみのない仕事です。求人に応募してきた人でさえ、この仕事に関する知識が十分でない可能性があります。ICT支援経験者だとしても、ブランクがあったり、勤務自治体が異なったりすれば、とまどうことは少なくありません。

だからこそ、ICT支援員を（業務委託を含め）雇用する立場である教育委員会は、業務内容をしっかりと把握した上で、採用・雇用・サポート体制の構築など、十分なバックアップ体制を整えることが重要です。

しかし残念ながら「各学校に配置したからあとは現場にお任せ」のような自治体も見受けられます。当然これではいけません。ICT支援員と情報共有を密にすれば、よいことはたくさんあります。

- 学校現場のリアルな状況を把握できる
- 学校への細やかな対応が可能
- 学校間のICT環境の格差を是正し、学校ごとに必要なインフラを整備することができる
- ICT活用に関するポジティブな情報が得られる

教育委員会に入ってくる情報は、ICTにかかわらず、問題の報告や苦情など、ネガティブなものが多いことでしょう。ICT支援員は、学校のリアルを見ていますから、「上手な活用の事例」「学校独自の工夫」など、ともすれば見過ごされがちな学校のよさ、ポジティブな情報を得ることができます。先生方は、どんなにうまく活用していたとしても、自分では報告できないものです。よさに気づいていない場合もあります。ICT支援員が媒介すれば、先生のよさを見出し、報告することができるのです。教育委員会の方も嬉しいのではないでしょうか。

すでにICTは、学校に必須のインフラとなっています。ICT支援員を、ともに学校教育をよくしていく仲間として認識してください。そして、一緒に学ぶ体制を作り、コミュニケーションをとり、情報を共有していただければと思います。

複数年契約による真のICT支援：長期的な視点で人材を育成

ICT支援員の雇用は、単年契約になっているケースが多いです。しかしそれでは、障害対応や環境整備しかできません。これまで書いてきたような、授業支援や校務支援は難しいです。これらは、現場を知って、その学校の文化を理解する必要がある仕事です。最低でも1年を過ごさないと、学校のことは理解できないですから。

先生から見ても、来年いなくなるかもしれない人に授業の相談はしたくないと思います。

「ちょっとこれ整理しといて」

「アンケート集計しといて」

など、単発で終わる仕事ばかりを頼まれます。そうした作業も立派な仕事ですが、ICTに関する先生方の意識やスキルを支援することができません。さらに、授業の丸投げも発生しがちです。

「今日はパソコンのプロが来てくれました！　○○をやってもらいます」

先生とも子供とも信頼関係が築けていない中では、どうしてもありきたりなことしかできません。貴重な時間を有効に使うためには、長期的な視点が必要なのです。

学校は学習計画や学校行事が、「○月にはプログラミングの授業」「○月には運動会」といった具合に年間計画で決められています。どんなに優秀なICT支援員でも、1年目は何もかもが初めての経験ですから、上手に対応できないと思います。とくに4月には、ICT支援の仕事が集中しがちです。きちんと実施するためには、それなりの準備が必要なのに、4月1日に「初めまして」では、本来の力が発揮できません。

ICT支援員は、他でもない教育の場へ仕事に来ているのですから、先生や子供たちの役に立ちたいと思っています。そのためには、どうしても複数年契約が必要なのです。

2年以上同じ学校に関わると、学校の環境や行事などは、頭に入ってきます。人間関係にも機材にも慣れてきていますから、ささっと作業できるし、予測もできます。そうすると自然に授業に関われるのです。先生も子供たちも知っていてくれますから、

「ああ、イガラシさん来たね」
「授業を見ていいですか？」
「いいよ、どうぞ。今日、こういうことをやりたいんだよね」

といった感じでスムーズに入れるようになります。2年目以降だと、こういう形で要望がもらえるようになるのです。先生と仲良しになると、授業の内容について話しやすくなります。複数年契約にすることが、このような真のICTの活用につながっていくのです。

人数ではなく、訪問回数で考える：質の高いICT支援のために

訪問回数で考える

ＩＣＴ支援員について、文部科学省では「4校に1人」という整備水準を設けていますが、これは誤解を招く表現だと思います。なぜなら、その1人が毎日稼働するという前提がないと、「週に1回、必ずＩＣＴ支援員が来る」という意味にはならないからです。

家庭の都合や税制上の理由から、週に1日しか働けない支援員もいます。たとえば学校が12校ある自治体で、週1日稼働の支援員を3人雇用した場合、「4校に1人」は満たすものの、学校から見ると月に1回しか訪問できなくなってしまいます。

そもそも「4校に1人」という基準は、「ＩＣＴ支援員が週に1回来る」ということを想定して決められているはずです。そうでなければ、十分なＩＣＴ支援はできません。

ですから、ＩＣＴ支援員の雇用に当たっては、週に何日働けるのかということを確認した上で、**週に1回以上ＩＣＴ支援員が各学校を訪問するために必要な人数**を考えなければならないのです。頭数の基準を満たせばよいというものではありません。実質的な支援体制を考えましょう。

学校規模を考慮する

千人規模の学校と、五十人規模の学校で、ＩＣＴ支援員の訪問回数や訪問人数が同じでは、十分な支援はできません。パソコン教室中心だった時代とは異なり、今は人数によって端末数が全然違うのですから。

もちろん、学校規模によって、ICT支援員を手厚く配置するというような基準はどこにもありません。しかし、そもそもICT支援員を派遣するのは、ICTのよりよい活用のためです。学校の規模を考えて、適正な人数を配置いただければと思います。

担当する学校には最低週に1回訪問を

ICT支援員が学校の先生方と仲良しになるためには、最低でも週に1回訪問することが必要です。月1回だと1年経っても名前すら覚えてもらえません。

先生方としても、知らない人には聞きにくいものです。たとえば端末の再起動の仕方が分からなくても「こんなことをきいたら笑われるかな」と思ってしまいます。

週に1回訪問できれば、先生方のICTスキルがだいたい理解できるので、教え方が変わってきます。「この先生には基礎から教えた方がいいな」とか、「この先生には、このタイミングで一歩先の知識も教えようかな」など。

単年契約だと、こういう配慮がしにくいです。複数年契約でしかも最低週に1回訪問できれば、先生方との信頼関係の構築ができるようになります。ICT支援員も、学校の職員として受け入れてもらえたと感じることができます。

「去年教えてもらったこと、私今年は、ここまでできるようになったよ」

「すごーい！　先生じゃあ、これやりませんか」

といった会話ができるようになってきますし、

「今度、理科でこれをやってみたいんだけど」

「この前○○市の公開授業でこんな風にやってたけど、うちでもできないかなあ」

といった依頼をされるようになってきます。もし初心者のＩＣＴ支援員であったとしても、回数を重ねればある程度の信頼関係は築けますし、スキルアップも早いです。そうすれば、学校のＩＣＴ活用のレベルは、かなり上がることでしょう。

ＩＣＴ支援員の雇用：適切な契約と報酬

業務委託と直接雇用：それぞれのメリットとデメリット

ＩＣＴ支援員の雇用形態には、大きく分けて業務委託と直接雇用があります。それぞれメリットとデメリットがありますので、ここでは簡単に説明します。詳しく知りたい方は、私の会社のＷｅｂサイトにて「教育委員会が知っておきたいＩＣＴ支援員の基礎知識」を公開していますので、そちらをご覧ください。

(https://www.thinkrana.com/special-appendix)

password：
kangaero

業務委託：外部人材活用による効率化

業務委託契約のメリットは、業務委託料を支払うことで、勤怠管理、採用、教育といった業務を包括的に任せられることです。人材募集に関わるコストもかかりません。自治体の負担が少ない雇用形態であるため、多くの自治体でこの方式が採られています。一方で、いくつか注意点があります。

まず、労働者派遣法の関係から、ICT支援員に対して学校や教育委員会は、直接指示ができません。業務内容についてあらかじめ両者合意の上、すり合わせておくことが必須です。業者に丸投げしてしまうと、学校・地域の事情や希望に合わない支援になってしまう可能性があります。

次に、ICT支援員としての十分なスキルや知識があるかどうか、確認しづらいという点があります。とくに競争入札で委託業者を決める場合は、人材の質を金額で測ることになりますから、能力や人柄、経験に注文をつけにくいです。さらに、ICT支援員が期待に合わなかった場合でも、代わりの人員がいなかったり、代わるまでに時間がかかったりするということがあります。

直接雇用：自治体職員としての責任と安定性

直接雇用というのは、自治体が会計年度任用職員制度などによりICT支援員を直接雇用する方法です。指揮系統が教育委員会からとなるので、依頼したい業務が調整しやすく、指示が伝わりやすいことがメリットです。一方で、採用に関わるコストや研修のコスト、賃金や各種社会保険料の支払いといったコストが発生します。

業務上のコストとして負担感があるのは、採用業務と体制の構築でしょう。ICTの知識が豊富な人材は慢性的に不足している上、学校で適切にふるまえる人となると、かなり限られてきますから、採用は難しいものとなります。

それから、採用した支援員を管理する体制も重要です。「毎日すべての情報が指導主事に集まる」といった体制では、指導主事の方がパンクしてしまいます。教育委員会内に、リーダーとなるICT支援員を置くなど体制構築の工夫が必要です。

このあたりも、「支援体制の構築」「ICT支援員採用のポイント」を私のサイトにまとめていますので、詳しくはそちらをご覧ください。

(https://www.thinkrana.com/special-appendix)

password：
kangaero

余裕のある人員配置で、質の高い支援を

自治体によっては、ICT支援員の学校訪問回数を決めているところがあります。しかし、ICT支援員も人間です。体調不良や、家庭の事情で訪問できないことがあります。また、学校の事情で訪問できないという場合もあります。訪問回数が、仕様で決まっていると、それを満たすのが苦しくなる場合が少なくありません。

ICT支援員の雇用にあたっては、訪問回数を指定せず、担当する学校数も余裕を持たせるなど、柔軟な運用にしておくことをお勧めします。余裕ある配置は、ICT支援員の心にゆとりを生むので、適切なICT活用につながります。

学校の立場でも、訪問日の調整を無理に行う業務から解放されるので、メリットが大きいはずです。

価格競争ではなく、質を重視した選定を

ICT支援員の需要が増えたことにより、この分野に参入してくる企業が増えています。参入企業が増えれば質が高まると思われるかもしれませんが、実際は逆の場合も少なくないようです。

理由は、金額だけで決定してしまうからです。入札に当たって「安ければ安い方がいい」と

いうポリシーを持っている自治体もあります。しかし、これでは十分なＩＣＴ支援は期待できません。他より安く入札できる企業は、それだけ、採用や研修にコストをかけていない可能性があるからです。実績の無い企業の場合は、その会社がどのような方法で、ＩＣＴ支援員の質を担保しようとしているのか、見極める必要があります。

これまで書いてきたとおり、ＩＣＴ支援員には、ＩＣＴの知識はもちろん、教育的な知見も求められます。加えて、先生方はもちろん、子供たちとも接するわけですから、教育界に貢献しようとする気概と知見を持ち合わせた企業を選定するように心懸けてください。

仕事に見合った報酬：ＩＣＴ支援員の待遇

ＩＣＴ支援員の報酬（手取り額）というのも、安定的で効果的なＩＣＴ活用支援という意味で重要です。学校教育にきちんと関わろうとすれば、仕事は無限にあります。しかも、児童生徒に直接関わることが多い上、その個人情報を見る機会があるなど、非常に責任の重い仕事です。だから、その仕事量や責任の重さに対して報酬が見合ったものでないと、仕事として継続できません。信頼できる人を採用しにくくなるばかりか、せっかく採用し育成した人が辞めてしまうことにもつながります。その意味で、ＩＣＴ支援員の手取り額が仕事に見合っているか、というのは非常に重要です。業務委託で入札する場合は、手取り額も記載しておくといいでしょう。

昨今の人手不足とＩＴ人材需要の増加により、ＩＣＴ支援員の賃金水準は徐々に高くなっています。安い報酬で採用することは、安定した学校運営のためには、リスクでしかありません。ＩＣＴ支援員をフルタイムで雇用するなら、その報酬は、勤務地の地域で十分に生活が可能な水準で設定してください。

システムに依存しない、柔軟なICT支援体制を

学校用のシステムの中には、ＩＣＴ支援員がセットになっている製品があります。これは、システムの販売とＩＣＴ支援員の派遣の両方を行っている会社のサービスです。システムの価格に支援員の派遣費用が含まれている場合と、派遣費用が割引になる場合とがあります。

導入するシステムに精通したＩＣＴ支援員を、割安で派遣してもらえるのですから、一見とてもよいサービスに思えます。しかし、学校に導入されているのはそのシステムだけではありません。他のシステムや機器の支援もしてもらえるかどうか、確認が必要です。

そして最も問題なのは、システムのリプレイスの際、もっと適したシステムがあったとしても、変更しにくいことです。派遣されたＩＣＴ支援員が、信頼できる人であればあるほど、変更しにくさは大きくなります。

常に最適なシステムを導入できるようにしておくためにも、システムに紐付いたＩＣＴ支援員の導入は避けた方が賢明です。

それから、近頃ではＧＩＧＡ端末専門のＩＣＴ支援員という形態が出てきました。この契約だと職員室での業務支援はできません。こうなると、先生方としては非常に不便でしょう。実際に軋轢《あつれき》も起きています。ＩＣＴ支援員の雇用にあたっては、学校内のＩＣＴ支援をすべてできる形で契約されることをお勧めします。

オンラインサポート：ＩＣＴ人材不足解消の切り札

これまでＩＣＴ支援員は毎週訪問が理想、と申しあげてきましたが、昨今のＩＴ人材不足を考えるとかなりハードルが高い地域もあります。どうしても必要な人材を確保できなかったとき、あきらめてしまうのではなく、オンラインサポートと併用で対応するということを視野に入れてください。不足した人数をカバーできる可能性があります。

２０２４年時点で、鹿児島市では、４人のＩＣＴ支援員（現場経験が豊富）が、オンラインを中心としたＩＣＴ支援を行っています。先生方の質問に電話やチャット等で回

答するのはもちろん、端末に不具合があれば、リモート操作で対応しています。必要な場合には、現地を訪問することもあります。さらに、市の情報部局や指導課ともつながっているので、様々な事案に対応できます。教育ＤＸ担当部長が、様々な部署の連絡と調整を担っています。

もちろん、鹿児島市も、この少ない人数でよいとは思っていません。募集は続ける一方で、次善の策としてオンラインサポートを行っています。

子供たちの安全を守る：性犯罪歴の確認は必須

子供と接する仕事に就く人の性犯罪歴を雇用主側が確認する制度、いわゆる「日本版ＤＢＳ」が、２０２４年6月19日に成立しました。ＩＣＴ支援員も、学校で働く仕事なので、性犯罪歴の確認が義務づけられています。業務委託、直接雇用にかかわらず、確認しなければなりません。

この確認は、直接雇用でなかったとしても、教育委員会から事業者に対して念押ししてください。ＩＣＴ支援員を数多く採用する大規模自治体では、確認が漏れてしまう可能性があります。学歴や経歴、知識・技能に惑わされてはいけません。私が聞いた事例として、「元教師ということで安心して採用したら、過去に性犯罪歴があり再犯した」という事件がありました。

性犯罪は、子供の心に大きなダメージを残します。ＩＣＴ支援員は、子供に直接関わる場面が多い仕事ですので、確認は非常に重要です。

保守業務の明確化：トラブル発生時の対応

保守業者との連携：迅速なトラブル解決のために

保守契約をしている場合、保守業者とＩＣＴ支援員の仕事を区別する必要があります。一般にＩＣＴ支援員は、トラブル発生時の一次切り分け（障害の原因特定における最初のアクション）を行い、保守業者に必要な情報を渡しますが、機器修理を試みたり、設定を変更したりはできないことが多いです。保守業者の到着が遅れた場合などに、ついやってしまいがちなところなので注意が必要です。

このとき、教育委員会が保守業者とヘルプデスク契約をしていないと、ＩＣＴ支援員が保守業者と直接会話できません。教育委員会を介したやりとりしかできないので、トラブル解決に非常に時間がかかってしまいます。

円滑なＩＣＴ活用のため、保守業者との契約にあたっては、ヘルプデスク契約も同時に行っていただくことをお勧めします。

高所作業は誰が行う？：安全確保と責任の所在

学校のＩＣＴ機器の中には、無線ルーターなど、廊下の天井や天井裏に設置されているものがあります。無線ルーターの再起動というのは、発生しやすい作業です。２メートル以上の高さに上ってこの保守作業を行うのは、労働安全衛生法で言うところの「高所作業」となり、作業手順が法律で定められています。

この作業について、保守業者が行うのかＩＣＴ支援員が行うのかは、はっきり決めておく必要があります。ここがあいまいになっていると、事故が起きた場合に、保険適用の可否や責任の所在などを巡って、様々な問題が発生してしまうからです。もちろん、この作業を先生が行うのは論外です。

一人一台端末になって、ネットワークの重要性は増しています。すでに、止めてはならないインフラなのです。だからこそ、素早く的確な対応が求められます。保守業者との連携や迅速な作業が行えるような契約が必要になってきます。

代替機・予備機の保守：いざというときに備える

端末数が多くなってくると、当然故障や破損が発生し、修理に出すことになります。修理が終わって端末が戻ってきたとき、設定等がリセットされ、初期設定作業が発生することがあります。このとき、その機器の初期設定マニュアルを教育委員会が用意しておくと、作業が非常にスムーズです。

また、導入時に代替機・予備機が準備されていることがあります。普段使わない機器なので放置されがちですが、いざという時に使う機器なので、日頃の保守管理（時々起動する・充電しておく等）が必要です。

これらの作業は見落とされがちなので、ＩＣＴ支援員の業務として、契約で正式に位置づけておきましょう。

教育委員会とＩＣＴ支援員のよりよいコミュニケーションのために

事前研修で、スムーズなスタートを

ＩＣＴ支援員を学校に配置する前には、研修が必要です。最低限、次のようなメニューが考えられます。

- 派遣先の学校で使われるＩＣＴ機器やアプリケーションの基本操作と主な使い方
- ＩＣＴ支援員という仕事の役割や立ち位置
- 学校での先生への対応の仕方

- 児童生徒に対する振る舞い方（とくに距離感・言葉づかい）
- ＩＣＴ支援員が学校で行ってよいこと・禁止事項の確認（自治体の運用規則など）
- ＩＣＴ支援員の情報モラルと情報セキュリティポリシー

ＩＣＴ支援に対する不満の多くは、コミュニケーション不足から生まれます。ＩＣＴ支援員側も学校への理解が足りないと、トラブルにつながります。学校特有の文化や、配慮すべき点を学んだのちに訪問できれば、コミュニケーションも円滑になるでしょうし、トラブルは発生しづらくなるでしょう。

とくに重要なのは、子供への対応の仕方の研修です。子供のパーソナルスペースを無視した距離感、配慮のない言葉づかいは、子供を傷つけてしまいます。対応の仕方について、詳しくは第６章の「子供たちと先生方を支える、ＩＣＴ支援員の心構え」のセクションに書いていますので、そちらをご覧ください。

業務内容と勤務規程：正確な情報共有

教育委員会は、ＩＣＴ支援員を配置した際に、各学校へ契約に沿った業務内容を正確に伝えていただきたいです。ＩＣＴ支援員を可能な限り余すところなく活用するために、正確な情報共有が必須です。これができていないと、先生方に間違ったイメージを植え付けてしまうことになりかねません。私は、そういう事例をたくさん見てきました。

情報共有のため、各学校の先生に対し、ＩＣＴ支援員に相談できることとできないことを一覧にして配布し、職員室内に掲示するという方法をお勧めします。とくに業務委託の場合、先生方が直接指示することはできないので注意が必要です。

また重要となるのが、勤務規程やスケジュールの周知です。

多くのＩＣＴ支援員は、契約上決まった時間だけ学校に滞在します。事前の相談なく、学校や先生個人の都合で規程よりも長く勤務させたり、休日などに出勤させたりすることはできません。また、学校都合（職員会議のため早く帰らせるなど）で支援日時を変更してほしい場合の手続きについても、教育委員会で検討してルール化し、周知しておく必要があります。

ＩＣＴ支援体制の構築：リーダーシップと情報共有

ＩＣＴ支援員を３人以上雇用する自治体では、コミュニケーションのための体制構築が必須です。体制を作るためには、次のようなポイントがあります。

情報を一元管理するためのリーダーを決める

- 「リーダー」といっても「マネージャー」ではありません。
- 「分からないことはこの人に問い合わせる」という役割です。

・指導主事が兼任してはいけません。専任のリーダーをおいてください。
・ＩＣＴ支援員のハブになる存在がいると、みんなの安心感につながります。

年度初めには、学校のＩＣＴ活用に関わる全員が顔を合わせる

・この顔合わせは、対面での実施が望ましいです。
・顔見知りになっておかないと、気軽に問い合わせることができません。

ＩＣＴ支援員に、先生が授業用に使っているものと同じ環境の端末を貸し出す

・年度初めに貸与されれば、機能や設定を自習できます。
・同じ環境がないと、問い合わせにうまく対応できません。

ＩＣＴ支援員に、学校と同じドメインのアカウントを発行する

・同じドメインのアカウントがなければ、ファイルひとつアップできません。
・操作の手伝いを依頼されても、先生の端末を直接操作するしかなく、コンプライアンス上の問題となります。

保護者向け緊急連絡メールにＩＣＴ支援員を登録する

・天候不良や集団感染などで臨時休校になった場合、学校行事が変更になった場合等の情報を共有する必要があります。
・路面凍結や事故など、登校に関わる情報を共有できると助かります。

情報共有のルールを決める

・ICT支援員が知らないところでツールや機器が導入されてしまうと、適切な支援ができません。こうした場合の連絡ルールが必要です。
・情報セキュリティポリシーに基づいた、情報共有のルールの策定が必須です。

体制づくりの詳細については、第6章で述べます。

情報セキュリティポリシーの策定と運用

情報セキュリティポリシーの前に

外部から学校に関わってみると、情報セキュリティの面であぶないなと感じることが少なくありません。学校にやって来る人に対しては、厳しくチェックする一方で、臨時職員やPTAなど、いったん顔見知りになった人に関しては、自由にふるまうことが多いようになっています。そういう人を疑えと言っているのではありません。学校に関わる外部の人が非常に多くなってきた今、それなりのセキュリティシステムを作り、運用していく必要があります。

このセキュリティシステムのために必要なことは、ポリシー作りよりも先に「そもそもセキュリティとは」「なぜセキュリティが必要なのか」ということについて、先生方（とくに管理職）が学び、理解しておくことです。この理解が共有されていないと、教育委員会がどんなに立派な情報セキュリティポリシーを作ったとしても、適切な運用がなされません。実際私は、同じ自治体でも学校によってセキュリティポリシーの運用が違うということをよく見てきました。

たとえば多くの学校の職員室では、離席時にパソコンの画面をロックするという習慣がありません。ロックの仕方を知らない人さえいます。こうした学校でも「離席時にはロックしましょう」という研修は行われているはずです。にもかかわらずできていないのは、「なぜロックしなければならないのか」が理解されていないからでしょう。情報セキュリティポリシーは、「やり方」だけでなく「なぜそうしなければならないのか」とセットで理解しておく必要があります。

それから、情報セキュリティポリシーと密接に関わっているのが、先生方の働き方です。今でも時々「生徒の情報が入ったUSBメモリーを紛失した」という報道があります。その学校でも、おそらく持ち出し禁止というきまりになっていたことでしょう。にもかかわらず、持ち出されるのは、「持ち出して自宅で作業しないと終わらないから」です。ではなぜ終わらないのか。労働環境をセキュリティ面からきちんと確認することは、非常に重要です。

教育情報セキュリティポリシー：学校ICTを守るための指針

自治体における教育情報セキュリティの考え方として、文部科学省の「教育情報セキュリティポリシーに関するガイドライン」には、以下の7つのポイントが挙げられています。

1. 組織体制を確立すること
2. 児童生徒による重要性が高い情報へのアクセスリスクへの対応を行うこと
3. 標的型及び不特定多数を対象とした攻撃等による脅威への対応を行うこと
4. 教育現場の実態を踏まえた情報セキュリティ対策を確立させること
5. 教職員の情報セキュリティに関する意識の醸成を図ること
6. 教職員の業務負担軽減及びICTを活用した多様な学習の実現を図ること
7. 児童生徒の情報セキュリティ・情報モラルに関する意識の醸成を図ること

これらのポイントは、子供たちはもちろん、学校で働く人全員に関わってくる内容です。全ての自治体が、速やかに策定されることを願います。

また、このガイドラインは、必要に応じて改訂されています。２０１７年に公表されて以降、２０２４年1月までに3回改訂されています。この改訂のタイミングだけでなく、自治体独自に改訂が必要になってくる場合もあるでしょう。「策定して終わり」ではなく、必要に応じて不断に見直していくことが重要です。

第2章でも紹介しましたが、大切なガイドラインなので、再度紹介します。

参考　文部科学省「教育情報セキュリティポリシーに関するガイドライン」公表にかかわる情報ページ（https://www.mext.go.jp/a_menu/shotou/zyouhou/detail/1397369.htm）

運用ルールの明確化と周知：ICT支援員が安心して働ける環境

情報セキュリティポリシーが決まると、ICT支援員が扱って良い情報、扱って良い端末などが決まってくるはずです。これをルール化し、学校の先生方およびICT支援員にも周知しておくことが重要です。学校のICTに関わるルールなのに、ICT支援員に知らされないことが良くあります。

ルールの明確化が必要な仕事の一つに、教育用ソフトウェアのアカウント登録作業があります。これは、基本的に扱えない場合がほとんどですが、現実的には、年度初めにはそうもいかない場合も多いでしょう。ICT支援員が登録作業をする場合は、その旨を運用ルールに明記すべきです。ここを曖昧にしてはいけません。このあたりは、第2章や第3章にも書きましたのでご参照ください。

残念ながら、こうした事情を知らないソフトウェア会社もあります。製品のインストールマニュアルに「アカウント登録はＩＣＴ支援員にお願いしましょう」という趣旨の文章が書かれていたソフトウェアがありました。これを、鵜呑みにしてはいけません。必ず契約やルールを確認しましょう。

今まで、個人情報周辺の問題で解雇されたＩＣＴ支援員を何人も見てきました。こうなると、他のＩＣＴ支援員への縛りが厳しくなってしまい、全員が仕事をしにくくなってしまいます。ルールをきちんと定めて周知し、きちんと運用することで、こうした悲劇は防げます。

さらにこのルールは、情報セキュリティポリシーと同様、毎年実態に応じて見直していくべきでしょう。

第5章　まとめ

☐ 現場の声を反映したICT環境整備が重要。教育委員会による学校訪問はそのための第一歩。

☐ 教育担当と財務担当のすりあわせで適切な予算確保を。

☐ ICT支援員の複数年契約と仕事に見合った待遇により、質の高い支援が可能に。

☐ 機械的に「4校に1人配置」とせず、学校規模と訪問回数を考慮したICT支援員の配置を。

☐ 業務委託と直接雇用には、それぞれメリットとデメリットがある。

☐ システムとセットになったICT支援員は採用しない。

☐ 保守業務の明確化とトラブル発生時の迅速な対応のため、契約を整備する。

☐ 情報セキュリティポリシーの策定と適切な運用が求められる。

Column 人を知り事実を伝える

ＩＣＴ支援員の中には、「教育委員会」と言われても、実のところよくわからない人もいます。少なくとも私は、教育委員会にいるのは、教育の専門家ばかりだと思っていました。確かに教師から異動して着任したという方もいます。しかし、自治体内の定期異動でやってきた一般の公務員の方もいるのです。

こういう状況ですから、教育委員会の中で、ＩＣＴ支援員が直接的に関わる方は、学校や教育のことについて詳しいとは限りません。場合によっては、ＩＣＴに詳しくない可能性もあります。教育委員会は、学校だけが守備範囲ではなく、公民館やスポーツ施設、図書館などを管理したり、地域の古文書や遺跡を調べていたり、その仕事は多岐にわたっているからです。

教育委員会に報告書を提出する場合は、読む人の背景を理解した上で、読んでもらえる報告書を作成するようにしましょう。この配慮が情報共有に役立ちます。

それから、教育委員会の方は2～3年で異動される場合が多いです。その異動が急に決まることも少なくありませんし、年度の途中でも異動があります。ICT支援の仕事とは直接関係しませんが、このあたりのことも知っておくとよいでしょう。

職場に慣れて、先生方とも親しくなってくると、教育委員会への不満を耳にすることが増えてくるかと思います。こうした場合、不満を直接伝えることはせず、不満の中身を分析するように心懸けましょう。たとえば、「システムが使い物にならない」という不満の中身を良く聞けば「ネットワークが遅い」ということだったという場合があります。「使い物にならない」という感情を伝えるのではなく、「ネットワークが遅い」という事実を伝えるようにすれば、事態の改善に繋がっていくことでしょう。

ICT支援員の仕事は、情報システムを通じて、教育委員会と先生方、子供たちのつなぎ役となることです。

第6章

頼れるICT支援員になるために：心構えとスキル

学校で働くための基礎：よりよい仕事をするための前提

管理職との良好な関係：ＩＣＴ活用を推進するリーダーシップ

現実問題として、ＩＣＴ支援員がうまく機能している学校と、そうでない学校があります。その原因は様々ですが、実はひとつ明らかな違いがあります。それは、管理職の先生とＩＣＴ支援員との間に、日常的な会話があるかどうかです。

管理職の先生は、学校の様子を最もよく知っています。その先生とお話しすることは、ＩＣＴ支援員が多くの先生とコミュニケーションを取るための、大事なきっかけとなります。残念なことに、管理職の中には「あ、僕はＩＴ苦手だから情報担当の先生に聞いて」と言って、会話をしてくれない人がいます。これでは、情報担当の先生も困ってしまいます。「えっ、なんで？　私が支援員の世話しなきゃいけないの？」などと思ってしまうかも知れません。

管理職の先生が会話してくれなかったら、「先生、授業を見学させてください。もし可能ならご一緒いただけませんか」とお願いするのが一つの手です。「ぜひ、教えてください」というスタンスで。ＩＣＴが苦手な先生でも、管理職は授業を見るのは得意です。それに、多くの先生は「教えてください」と言われたとき悪い気はしません。

管理職の先生とともに授業を見学するメリットはたくさんあります。

- 授業をしている教室に入りやすい
- 授業者の意図や授業のねらいなどを解説してもらえる
- 教職員の特徴を理解するきっかけになる

管理職の先生の説明は、メモを取りながら聞きましょう。あとで読み返すことができますし、理解が深まります。授業後は、メモをもとに下図のような簡単な授業記録にまとめ、管理職の先生に（可能ならば授業をしてくれた先生にも）渡すと喜ばれます。

授業への同行をお願いしたとき、もしかすると違和感を示す管理職がいるかもしれません。しかし、授業の支援をするためには必要であることと、自分は勉強したいのだということを伝えれば、ある程度分かってもらえると思います。

お願いの際はていねいな言葉で、見学が終わった後は、必ずお礼を言いましょう。忙しい中で時間を作ってくれるのですから。こうした配慮の積み重ねこそが、管理職の先生と仲良くなるきっかけになります。これは非常に大事なことです。

授業支援・見学レポート

日付：　2024年　9月　１０日（火）
場所：　PC室

支援種別	見学		クラス		2年1組
教員名	○○先生	教科	理科	時間	2　時限目
単　元	電流と回路				
めあて	『電気回路』の仕組みを理解し、説明できる				
授業の内容	各班で回路を組んで、タブレットの<●●>というアプリ[*1]を使って写真をとり、そこから回路図を作成する。それをもとに回路の組み方を班ごとに説明する。				
先生の様子	タブレットをテレビに繋ぎ、授業支援システムでシェアしたファイル等を表示して授業の流れを説明。 別のノートPCでデジタル教科書の資料を表示 重要なところは板書や実際の器具等を用いて説明 動画を字幕や画像停止などを使い見やすくしていた 覚えたいところはプリントを配布して空欄に記入させていた				
生徒の様子	先生の端末からテレビに映されたものを確認 ２人組で一人は先生の動画もう一人は作業用に端末を使う。配布されたプリントの空欄は他の人の説明を聞いて記入				
学習者の目線	提示教材には生徒たちの集中が切れない工夫がされているように感じた。その都度質問が出るようになっていて、覚えることを確認しつつ、集中して授業に向かわせる工夫があるように感じた。				
気になったこと	テレビにHDMIケーブルで端末を接続していたので、無線の調子が悪いのか気になりました。必要に応じて設定の確認をすることができます。ご相談ください。				

ICT支援の要となる情報担当の先生とのつきあい方

どの学校にも校務分掌で「情報担当」となっている先生がいます。複数の先生が情報担当になっているケースも増えてきました。ICT支援員にとっては、大事な存在です。

学校の運用ルールはどうなっているのか、どの機材を使って良いのかなど、情報担当の先生が知っているはずです。まずは十分なコミュニケーションを取るようにしましょう。もしその先生に負荷が集中しているように見えたら、すぐに手伝うように心懸けます。

ただ、ともすると次のような間違った意識がはびこっている学校もあるので、注意が必要です。

情報担当の先生に許可なくICT支援員に依頼してはいけない

・たいていの場合、これは明文化されたルールではありません。困っている先生を見かけたら声掛けをして、アドバイスの内容を情報担当の先生に伝える、というやり方で進めましょう。

・信頼関係構築のため、「勝手に進めている」ように見えないような支援が必要です。

苦手な先生も、ICTが得意になるべきである

・情報担当の中には「苦手な先生をゼロに」という目標を持っている方もいます。

・苦手な先生には、まず困っていることや愚痴を聞くようにしましょう。「簡単なことでも、ぜひきいてください」と伝えましょう。
・多くの先生が欲しているのは、具体的な提案ではなく、ヒントであることが多いです。

情報担当の先生は、何らかの仕事を作ったりしなくてはいけない

・ICT支援員の業務は契約で決まっているはずです。こうした誤解が生じるのは、それが届いていないということです。
・ICT支援員は、契約を理解した上で「この仕事やりましょうか」などと声掛けをしてみましょう。

ICT支援員は情報担当の先生の専属の部下である

・情報担当の先生の中には、その仕事に強い使命感を持っている人がいます。ICT支援員は何でもしてくれる人だと思って、ツール開発など特殊な依頼をしてくる場合があります。
・このような場合は、すぐに対応せず、意図や目的を聞きましょう。難しい仕事の場合は管理職の先生や雇用元の上司に必ず相談します。

すべての先生とコミュニケーションを：学校全体のICT活用を促進

ICTに苦手意識のある先生は、そもそもICT支援員に話しかけることをためらうものです。そうなると、どの先生がICTを苦手としているのか、把握するのに時間がかかってしまいます。

そこで重要になってくるのが、管理職の先生と情報担当の先生です。

管理職の先生は、学校全体の様子を把握していますから、ICTが苦手なのは誰であるとか、学校独自のルールや慣習に精通しています。その管理職が、ICT活用に前向きでいてくれれば、先生方とのコミュニケーションがスムーズに運びます。さきほど「管理職と仲良くなることが大事」と書いたのは、そういうわけです。

また成果を上げているICT支援員は、養護教諭や司書教諭などを含め、学校内のさまざまな先生と会話をしています。雑談でよいのです。管理職を含め、すべての先生とコミュニケーションを取ることで、よりよいICT支援が可能となります。

子供たちと先生方を支える、ICT支援員の心構え

子供たちとの適切な距離感：信頼関係を築く

先生方との関係構築と同じくらい大事なのは、人との適切な距離感を保つことです。子供たちとの距離感は、さらに難しいと考えてください。

とりわけ難しいのは、男性のＩＣＴ支援員です。

年配（おもに40歳以上）の支援員の場合

・普通に振る舞ったとしても、子供たちからは威圧的に見えることがあります。
・普通の表情であったとしても、「怖い」「怒っている」と思われることがあります。
・意識的に笑顔をつくって、にこやかに接しましょう。

若い（おもに20歳代）支援員の場合

・小学校の低学年～中学年くらいの子供たちから、遊びのターゲットにされがちです。
・先生が認めている場合なら、安全に注意して、少しは遊んでもいいですが、本務を忘れてはいけません。子供たちの休み時間には、ＩＣＴ支援の仕事がたくさんある場合がほとんどですから。

もちろん、女性の支援員も配慮が必要です。子供たちと接する上で、NGとなる主な行為（男女共通）についてご紹介します。

立ったまま子供にアドバイスしない

・背の小さい子供と話す際は、必ずしゃがんで、子供の目線にそろえましょう。立ったまま話すと、どうしても威圧的に見えてしまいます。

子供へのボディタッチは、原則NG

・昔は頭をなでるコミュニケーションがありました。しかし今は発達の特性等で、触られるのが苦手な子がいるからです。

・無意識に触りがちな人が多いので注意が必要です。

操作のアドバイスの際、ペンなどで指し示さない

・とにかく偉そうに見えてしまいます。指さしもダメです。

・指し示すときは指を揃え、手のひらで示しましょう。

画面タッチやマウス操作の際、子供の後ろから手を回さない

・後ろから手を回すと、どうしても距離が近くなりますので、発達の特性がない子でも違和感を覚える可能性があります。横から支援しましょう。

顔に顔を近づけない

・目線をそろえる必要があるとはいえ、子どもの顔に顔を近づけすぎてはいけません。ほとんどの人は不快に感じます。

後ろから声を掛けたり肩を叩いたりしない

・背後からの関わりが苦手な子がいます。必ず前に回り込んで声を掛けるようにしましょう。

健康管理：心身ともに健康な状態で

健康管理に留意することは、適切な支援をする上で非常に重要です。健康状態が良くないと、態度に出てしまいますし、良い姿勢も取れません。表情も暗くなりがちです。これでは適切なコミュニケーションが取れません。学校で働く職員として、規則正しい健康的な生活を心懸けましょう。

健康状態が良くないのに無理をして学校に行ってはいけません。子供に病気をうつす可能性がありますし、先生に余計な心配をかけてしまうことにもつながります。これでは逆に先生に支援してもらうことになってしまいます。

また、正確には健康状態の話題ではありませんが、学校に来るのに不適切な状態というのもあります。

- 二日酔い
- 清潔感のない服装
- 肩にふけがたまっている
- たばこ・柔軟剤・香水等の過度な臭い

このような状態は、学校職員として適切ではありません。しかし残念ながら、私自身、学校のＩＣＴ支援の現場で、何度か目にしていますし、耳にもしています。誰でも、こんな人に支援をしてもらいたくはありません。先生方に余分な負荷を与えてしまいます。

清潔感のある身だしなみ：第一印象を大切に

ＩＣＴ支援員のコミュニケーションでは、第一印象が非常に重要です。「ＩＣＴ支援員」というと、修理業者のようなイメージをもつ人が少なくありません。そのイメージを覆し、先生方に「この人となら話しやすいな」と思ってもらうことが支援の第一歩です。そのためには、次の要素がポイントになってきます。

身だしなみ

- 清潔感を大切に。洗濯した服で、入浴・歯磨きは欠かさずに。
- 服に動物の毛や、ふけがついていないか注意。
- 動きやすい服装がよいです。ただしジャージのようなカジュアルすぎる服装は不適切。
- 短すぎたり、足にまとわりつくような長さのスカートは避けます。
- 爪は短く清潔に。
- 髪の毛が肩に掛かる場合は、必ず結びます。
- ジャラジャラするようなアクセサリーは身につけません。
- 華美な服装や化粧、香水は避けます。裾や袖の装飾で端末の落下などを誘発することがあります。
- 下着が透けていたり外から見えたりしないか確認します。

靴

- スニーカータイプで底がすべりにくいもの。学校内で動き回る仕事なので。

・スリッパタイプは避けます。階段の上り下りの際は危険なので。非常時の避難にも耐えられません。
・底が薄い室内履きは、底冷えしやすい学校では冬場の冷えに耐えられません。

表情・姿勢

・マスクをしていてもわかる笑顔を心懸けます。頬の肉を上げて笑います。
・立つとき、歩くときは背筋を伸ばして。それだけで明るく元気に見えます。
・座っているときもできるだけ姿勢を正しましょう。背中を丸めて作業しているような人には、話しかけにくいものです。

挨拶

・声を出して気持ちよく挨拶します。マスクで顔が隠れていても声が聞こえるように。
・大人にも子供にも挨拶します。
・授業中の廊下など、声が出せない場所では、会釈で挨拶します。

気の利いた一言

・共用ＰＣやコピー機を使う時、他に使いそうな人がいないか確認し、もし自分の時間に余裕があれば「お先にどうぞ」と譲りましょう。

・依頼された仕事が終わったら、「他に何かご用はありますか」と一言添えましょう。
・ICTに限らず、先生が忙しそうにしていたら「お手伝いしましょうか」と声掛けしましょう。

子供たちへの声掛け：配慮と温かい言葉で

子供たちへの声掛けをどうするかは、基本的に対象の子供によります。先生と相談してから、その方針に則って声掛けをしましょう。

クラスによっては、「声を掛けないで」と言われる場合もあります。その場合、子供から声を掛けられたら「先生、質問があるみたいです」などと言って、先生に対応をお願いするようにしましょう。

声を掛けてよい場合でも、次のような点に気をつけましょう。

原則としてICTに関わる内容の声掛けにとどめる

・Webサイトの文字が読めないといった場合に読み方を教えるくらいはよいですが、授業内容に関わる問題の答えを教えるようなことは言語道断です。
・ICTに関わる場合でも、先生が話をしているときは、支援をいったん止めます。

・操作方法をきかれたとき、子供が喜ぶからといって余計な裏技を教えるようなこともいけません。授業の流れを止めてしまうからです。

評価するような言葉を掛けてはいけません

・お絵かきの活動などをしている時、不用意に「うまいね」などと言ってしまうと、他の子が「自分は褒められなかった」と感じてしまう可能性があります。
・どうしても声掛けをする必要がある際は、「色がいっぱいだね」「たくさん描いているね」など、ある程度客観性がある言葉を選ぶようにしましょう。

身体的特徴に言及してはいけません

・「色が白いね」「背が高いね」といった身体的特徴に関わる言葉は、褒めたつもりでも傷つけてしまう危険性が高いです。

子供の名前を呼ぶときは「さん」付けで

・男女共に、名字に「さん」を付けて呼ぶようにしましょう。
・子供の希望などによりこれができない場合は、担任の先生に相談しましょう。

ジェンダーに関わる言葉に気をつける

・褒めたつもりでも「男の子なのにかわいい筆箱だね」「女の子らしい服装だね」などといった、性別二言論に基づいた言葉はNGです。

外国人児童生徒・発達に課題のある児童生徒への接し方

・声掛けは先生の方針に従ってください。
・その子をサポートする人がいる場合は、その方と連携しましょう。

不用意な発言をしないよう注意を払い、子供の成長を願った声掛けをすれば、先生方や子供たちの信頼を得ることができます。子供たちは、思っている以上に大人の声の掛け方や言葉の内容に注意を払っていますから。

落ち着いて行動：忙しいときこそ冷静に

忙しそうにしている人には、話しかけにくいものです。たとえ忙しかったとしても、先生方から話しかけられたら、その人の方を向き、いったん仕事を置いて、できるだけ早く対応しましょう。もしも急ぎの仕事を抱えていた場合、依頼してきた先生に「いつまでにやりましょうか」と質問して、優先度を判断することが大切です。

実際に忙しいとき、機器の取り扱いが雑になったり、無駄に走ってしまったりしがちです。その結果破損やミスなど、失敗につながります。忙しいときこそ、落ち着いてゆっくり確実に業務を行いましょう。

自分は忙しそうにしているつもりはなくても、時計を何度も見たり、ため息をついたりしていると、忙しそうに見えてしまいます。これは支援の仕事をする上でとてもマイナスです。先生は、学校で本当に忙しくしています。ＩＣＴ支援員とは業務のリズムが違うので、自分の手が空いていると居心地が悪く感じてしまうかもしれません。

でも、そんなときこそ「手伝えることはないかな」と目を配ったり、勉強に時間を割いたりしましょう。これまで質問されたことを調べ直す時間にしてもよいです。教育用アプリの活用事例を調べるのもよいですし、もし可能なら授業を見せてもらうのもよいでしょう。勉強することは無限にあります。

掃除はICT支援の基本：快適な環境を維持

ＩＣＴ支援という仕事をやる上で、掃除はとても重要です。けれども実際は「掃除とＩＣＴ支援は関係ない」「掃除なんて誰でもできる」と思っている人が少なくありません。以前、私が学校のパソコン教室で掃除をしていたら、指導主事から「掃除をさせるために雇ったのではありません」と言われたことがありました。世間には、掃除という仕事を下に見ているところが、まだまだあります。

けれどもＩＣＴ支援において、掃除はメンテナンスの一部です。とても大事な仕事なのです。まずなんといっても、故障の防止になります。それから不具合の解消。掃除をしたら、不具合が直ったというケースは山ほど見てきました。それから破損の早期発見にも繋がります。

何より、きれいに保たれていれば、気持ちが良いです。子供たちにもきれいにしようという意識が芽生えることでしょう。

電源コードの周りや、情報機器の画面、プロジェクターなどは、静電気でほこりがたまりやすい場所なので、常にきれいに保ちましょう。ＩＣＴが苦手な先生は、触ったら壊してしまうと考える人が少なくないので、どうしても汚れます。

ただ、ネットワーク関連機器の掃除には注意が必要です。思わぬ不具合が生じる可能性があるので、ケーブルを抜いて掃除をしてはいけません。ハブの周辺などは非常にデリケートな場合が多いので、持ち上げたり振動を与えたりしないように掃除しましょう。

掃除道具としてお勧めなのは、「クイックルハンディ」（花王）です。百均のものより、ほこりの吸着力が強いので、細かいほこりも、さっと取ってくれます。

掃除が行き届いていない学校は、教室が荒れています。そういう教室の子供たちは、物の取り扱いが乱暴なので、ＩＣＴ機器に限らず、教室設備の破損が多いです。学校の教育と掃除というのは、案外密接な関係があると私は思っています。

ICT活用の黒子に徹する：先生と子供たちを裏から支える

これまで書いてきたとおり、ICT支援員の役割は、授業を止めないようにすることが原則です。授業中もし電子黒板が動かなくなったら、そのトラブルをさっと引き取って「先生、後はやりますから授業を進めてください」といった対応が求められます。授業で複数のICT機器を使う場合、その機材を裏で動かしたり、映像を切り替えたりします。いわばICT活用の黒子です。

授業以外でも、ICT活用の黒子の仕事はたくさんあります。

- 消耗品（コピー用紙・プリンターインク・電池）の補充
- 機材の充電
- シュレッダーのゴミ捨て
- コピー機の紙詰まりやインク切れなど、ちょっとしたエラーの解消
- 清掃
- その他、名も無き仕事

黒子の仕事は、「学校で使う機材やシステムが、いつでも使えるようになっている」ための

裏準備です。これは、家事の仕事に似ています。トイレットペーパーが無くなったら交換するとか、脱衣所のタオルを取り出しやすくしておくとか、家事には名前の付いていない仕事がたくさんありますよね。要するに「気を利かせる」ということです。気が利くICT支援員なら、みんなが快適に過ごせます。

ただ「気を利かせる」のがいいからといって、勝手に進めてはいけません。同じ自治体でも学校によってルールが違いますから。

たとえば、プリンターのインク警告ランプが点いていたとします。そのとき勝手にインクを交換するのではなく、「やりましょうか」と学校事務の方に声を掛けましょう。ムダな印刷を防ぐため、事務の方が意図的にそのままにしているということがありました。とくに消耗品については初めのうちに、確認することが大事です。

学校に慣れ、先生方とも親しくなれば、気を利かせられる部分が多くなります。私が常々「ICT支援員は複数年契約で」と力説するのは、こんな理由からでもあるのです。

状況に応じた柔軟な対応：創意工夫で課題を解決

先生方のICT活用が進んでくると、「授業でこんなことできないかな」「○○ができるアプリが欲しいんだよね」といった要望が寄せられることがあります。しかし、アプリや機材をすぐに購入することはできませんから、その環境でなんとかするしかありません。

そのためには、先生のやりたい授業の内容を読み解き、学校に今あるＩＣＴ環境で実現させるための工夫を編み出す力が必要です。

●授業のねらいはなにか
●先生は子供たちのゴールをどこに設定しているか
●先生や子供たちのＩＣＴスキルはどの程度か
●どんなアプリに慣れているか
●授業時間的にどれくらいの手数が許されるか

これらの条件から考えて工夫を凝らせば、ベストではなくてもベターな提案はできるはずです。「冷蔵庫の中にある物で豪華なおかずを作る」といったことに似ています。日頃から、授業への理解を深め、アプリの活用事例に接していれば、こうした発想ができるようになります。

また「〇〇の機能、Windowsにはあるけど iPadにはないんだよね」などと、特定の環境にこだわって、活用を諦めてしまう先生もいます。こうした場合でも、その先生が望むことに近い機能は、他のＯＳでも見つかることが多いです。ですから、ＯＳの勉強も欠かせません。

著作権を理解して守る：適切な情報利用を支援

学校は非常に多くの著作物を取り扱います。それゆえ、ICT支援員も著作権について基本的なところを知っておく必要があります。主なポイントは次の通りです。

- 著作権の基本概念
- 教育現場で著作物を利用する際の原則
- デジタル著作物の取り扱い
- 児童生徒の著作物に関する権利
- 著作権侵害のリスクと対策
- 著作権法の最新動向

著作権について、分かりやすくまとめられたサイトはいくつかあるので、これらを見て学びましょう。また著作権法はよく改正されるので、その情報も得ておく必要があります。

参考① 「先生にぜひ読んで欲しい」すごくわかる著作権と授業（https://copyright-edu.axies.jp/sugowaka35/）

参考② 学校における教育活動と著作権（文化庁）（https://www.bunka.go.jp/seisaku/chosakuken/seidokaisetsu/pdf/93869701_01.pdf）

法令遵守：コンプライアンス意識で身を守る

トラブル対応のため、子供のアカウントでログインしなければならない場合があります。アカウントを、先生が管理している場合は、その子の分の情報だけ受け取り、作業が終わったら速やかに情報を破棄しなければなりません。

けれども先生が忙しく、全員分のアカウントが記載されたデータへのアクセス方法を伝えられてしまうことがあります。ＩＣＴ支援員としても、その方が話が早いですから、そのデータにアクセスして即作業、といったことが発生しがちです。

しかし、これまで情報セキュリティポリシーについて書いてきた通り、こうした行為はコンプライアンス上、非常に問題です。法令上できないことは、きちんと断りましょう。断ると怒る先生もいますし、法律を無視した方が「柔軟性がある」などと評価されることがあります。けれども、法令違反が明らかになったとき被害を被るのはＩＣＴ支援員であることが多いです。コンプライアンスを重視するのは、自分を守ることでもあります。

「校務を手伝って欲しい」と言われたら、自治体の情報セキュリティポリシーとそれに基づく運用ルールを確認しましょう。「校務支援システムなど、個人情報には触らない」というのが

原則です。

「操作がわからない」という先生には、横からアドバイスするようにして、操作そのものは先生に任せましょう。「ただ数字を入れるだけだからさ」という先生がいても断ります。「画面が見えてしまったとしても、見えなかったことにする」くらいの気持ちで対応しましょう。

ICT支援員として成長するために欲しい力

コミュニケーション能力：相手の話を丁寧に聞く

傾聴を意識する

先生から話を聞く際は、まず「ありがとうございます！」から始めましょう。これだけで相手が話をしやすくなる雰囲気を創りだすことができます。

聞くときは、相手の話を聞くのを第一にし、話に「。」がつくまで黙って聞きます。その際には必ず、メモを取りましょう。固有名詞と数字は必ずメモします。知らない単語もメモしておくと、あとで質問しやすくなります。相手の顔を見てうなずきながら聞くことも大切です。こちらが聞いていることが、相手に伝わりますから。

質問をためらわない

雑談も含め、先生方から話を聞いているとき、ちょっとでも知らない言葉がでてきたら、質問しましょう。その場で教えてもらわないと、教えてもらう機会を逸してしまう可能性があります。先生方は、学校特有の言葉でも、一般的な言葉だと思っていることが少なくありませんので、分からない言葉を聞いたら、すぐに教えてもらいましょう。

質問をする際、聞き方によって、質問は詰問になりがちです。たとえば、使われない機材があったとき「なぜ使わないいんですか」と質問したのでは、詰問と受け取られる可能性があります。「使いにくいところはありますか」などときましょう。

表現力：分かりやすく伝える

ICT支援の仕事で、報告書はとても重要です。その報告書は、分かりやすく簡潔でなければなりません。そのためには書く練習が必要です。

たとえば「スライドの使い方を相談されたのでサンプルを作成した」という報告文をよく見ます。しかしこれでは、「だれが」「どこで」「いつ」「どのように」がありません。さらに、述語がなく、体言止めなので、作成し終わったのか、作成途中なのか、これから作成するのかがわかりません。

修正例●算数の授業（3時間目：5年生）の前に、職員室で多角形の作図手順をスライドにする方法を山田先生に相談された。私がサンプルスライドを作成し、試してもらった。

このような報告書であれば、その場にいなかった人でも、誰からの依頼でどのような支援がなされたのかがよく分かります。練習して書けるようにしましょう。

ICT支援員の仕事の一つに、校内研修がありますから、プレゼンテーション能力も重要です。分かりやすく説得力を持って話せなければなりません。その研修によって先生が「やってみようかな」と思えることが大事です。

こうした力は一朝一夕には身につきません。ICT支援員同士で練習し合うなど、場数を踏むことが必要です。

技術スキル：ICTに関する幅広い知識

ICT支援員に求められる主な技術スキルは次の通りです。これらの知識は、常にアップデートすることが必要です。

基本的なコンピュータリテラシー

・オペレーティングシステム（Windows・iPadOS・ChromeOS等）の操作

・オフィスソフト（Word・Excel・PowerPoint等）の使用

ネットワーク管理

・Wi-Fi設定
・軽微なトラブルシューティング

ハードウェア知識

・パソコン、タブレット、プロジェクター等の基本的な仕組み
・マイク、スピーカーなど音響関連機器の特性
・簡単な故障対応

教育用ソフトウェアと授業支援のアプリケーション

・授業支援システムの活用事例と操作方法
・デジタル教材の利用方法と操作方法

セキュリティ意識

・情報セキュリティの基本

・児童生徒のプライバシー保護

クラウドサービス活用

・Google Workspace for Education や Microsoft 365 Education の利用
・Webフォームの利用
・Web会議システムの利用

基本的なプログラミング知識

・簡単なスクリプト作成
・プログラミング教育支援

デジタルコンテンツ作成

・画像・動画編集
・インタラクティブ教材作成

学校理解：教育現場の文化と制度

学校はそれぞれ違うことを知る

学校には特有の文化や環境があります。校種（公立／私立、小学校／中学校／高等学校など）によって特徴が異なりますし、地域性や歴史的背景によって、学校の雰囲気は大きく異なります。教職員と児童生徒の関係性も重要な要素です。

このように、一つとして同じ学校は存在しません。昔と今では常識も大きく変わっています。学校と関わる際には、最初にその学校のルールやマナーを確認しましょう。

同じように、先生方の業務内容や時間的制約も学校ごとに違います。児童生徒の発達特性も、昔とは大きく変わっていることを理解しなければなりません。

企業と比べて学校が大きく違うのは、時間割で動いているということです。時間割という仕組みのおかげで、大人数の児童生徒と先生が同時に動いています。ですからＩＣＴ支援員はその時間の流れを止めてはいけないのです。

教育目標や教育的配慮を知る

学校の教育活動は、学習指導要領を元にして行われています。ここには、授業内容だけでなく、行事なども明記されています。

もちろん、ＩＣＴ活用についても明記されています。「情報活用能力」という言葉も、学習指導要領に書かれています。授業にＩＣＴ活用が明記されているのですから、それを支援する仕事は、とても重要であると理解してください。そのためには、各教科でのＩＣＴ活用事例に関心を持ち、情報モラルや情報セキュリティ、著作権法の動向にも注意を払う必要があります。

さらに、特別支援学校での勤務でなくても、特別支援教育の知識はある程度身につけておきましょう。子供たちへの適切な接し方を身につけるために必要です。

学校には多くの人が関わっています

「学校の先生」といっても、様々な方がいます。主な先生や職員として、次のような方々がいます。先生方には常識的なことではありますが、念のためご紹介します。

校長・教頭・副校長など

- 校長先生が学校の責任者であることは間違いありません。職員室をまとめているのは教頭先生であることが多いので、学校を訪問する際には必ず挨拶しましょう。
- 教頭先生の代わりに副校長先生がいるという学校もあります。
- 教頭先生が二人いる学校、教頭先生と副校長先生が、それぞれいる学校もあります。

教諭・主幹教諭・指導教諭

- いわゆる普通の先生のことを正式には「教諭《きょうゆ》」といいます。
- 教諭の中には、主幹教諭・指導教諭と呼ばれる人もいます。学校のアカウント処理の時に関わってくるので、この名称だけでも覚えておいてください。

一人職

・保健の先生は、正式には「養護教諭」といいます。
・このほか、司書教諭・栄養教諭がいる場合があります。

講師

・常勤講師と非常勤講師がいます。
・学校では「りんにんの先生」という言葉を聞くことがあります。これは臨時的任用職員のことです。

職員

・事務職員
・学校用務員（学校によって呼び方がかなり違います）
・スクールカウンセラー
・外国人児童生徒支援員
・ＩＣＴ支援員

ここに書いた以外の役職や職員の方もいます。ただ、校内の情報共有システムや授業支援システムなどのアカウント設定に関わってくるので、先生や職員の方については、その名前だけでなく、役職や役割についても知っておく必要があります。

情報モラルの知識：安全なICT活用のために

ＩＣＴ支援員には、子供たちや教職員の安全なＩＴ利用を支援するために、情報モラルの知識が求められます。主に次のようなポイントが挙げられます。

- 個人情報保護
- 著作権と知的財産権の理解
- サイバーセキュリティの基本
- ネットいじめ対策
- ＳＮＳの適切な利用
- デジタル依存症への対応
- 信頼性の低い情報の見分け方

これらのポイントの詳細については、文部科学省や総務省から、充実した情報が発信されていますので、そちらを参照して、必要な知識を得るようにしておいてください。

参考① 文部科学省「情報モラル教育ポータルサイト」（https://www.mext.go.jp/zyoukatsu/moral/）

参考② 総務省「上手にネットと付き合おう！安心・安全なインターネット利用ガイド」（https://www.soumu.go.jp/use_the_internet_wisely/）

セキュリティの知識：情報漏洩を防ぐ

ＩＣＴ支援員には、以下のような情報セキュリティの知識が求められます。ＩＣＴ支援員の資格試験には、これらの知識を問う問題が出題されます。

●基本的なセキュリティ概念
・機密性、完全性、可用性の理解
・情報資産の重要性認識

●ネットワークセキュリティ
・Wi-Fiセキュリティ（家庭への持ち帰りの際、アドバイスが必要になる場合があり、その際に求められる知識です）

●マルウェア対策
・コンピュータウイルス、スパイウェア、ランサムウェアなどについての基礎的理解と一次

対応

- アカウント管理
  - ・教育情報セキュリティポリシーに基づく、アカウント管理
  - ・多要素認証についての基礎的理解
- 教育情報セキュリティポリシーと法令遵守
  - ・学校や地域の教育情報セキュリティポリシーの理解と実施
  - ・個人情報保護法などの関連法規の基本知識
- ユーザー教育
  - ・児童生徒や教職員向けのセキュリティ・著作権啓発活動の実施
  - ・フィッシング詐欺やなりすましに関する注意喚起
- デバイス管理
  - ・モバイルデバイス管理（MDM）の基礎知識（学校の端末の一括設定・運用のために必要な知識です）
  - ・MDMによる一括設定がなされたかどうかの確認
- クラウドセキュリティ
  - ・クラウドサービス利用時のセキュリティリスクの理解
  - ・データの適切な管理と保護方法

トラブル解決能力：冷静かつ迅速な対応

ＩＣＴ支援の現場では、トラブルは常に起こります。そのトラブルに対応するためには、次のような力が必要となります。

ＩＣＴの基礎知識と最新の情報の収集

- ハードウェアやソフトウェアの基本的な仕組みの理解
- 新しい技術やツールに対する情報収集意欲と適応力

障害を切り分ける力

- 問題の症状から原因を推論し、効率的に解決策を導き出す能力
- 複雑な問題を小さな単位に分解して取り組む能力

コミュニケーション能力

- 教職員や児童生徒から問題の状況を正確に聞き取る能力
- 技術的な内容を非技術者にも分かりやすく説明する能力
- ＩＣＴの専門家に、学校の状況を分かりやすく説明する能力

優先順位付けと時間管理

- 緊急度や重要度に応じて問題に対処する能力
- 限られた時間内で問題に対応する能力

工夫する力

- 既存の解決策が通用しない場合に、代替案を考案する能力
- 限られたリソースの中で効果的な解決策を見出す能力

忍耐力とストレス管理

- シール貼りなど、地味な作業にも継続的に粘り強く取り組む姿勢
- 公開授業など、プレッシャーの中でも冷静に対応する能力

チームワーク

- 他のICT支援員や保守業者、教職員と協力して問題解決に当たる能力
- 必要に応じて適切に業務を分担したり、専門家に相談したりする判断力

忍耐力・柔軟性：変化に対応する力

教職員や児童生徒の方々のＩＴ技術レベルは様々です。基本的な操作に不慣れな方から、高度な質問をする方まで幅広く対応する必要があります。ＩＣＴが苦手な先生は、同じような質問を繰り返ししてくることがあります。一度で理解することは難しいので当然のことです。その都度ていねいに説明し、サポートを行う忍耐力が必要です。

授業中のトラブルなど、緊急を要する状況でも冷静に対応する必要があります。焦らずに問題解決に取り組むようにしましょう。

教育現場のＩＣＴ環境は日々進化しています。学校の状況も変わります。新しい技術やシステム、学校教育の情報を学び、対応する柔軟な姿勢が求められます。そしてその学んだことを、分かりやすく説明する力も必要です。相手に合わせて言葉を選び、説明を行う柔軟性を身につけることが重要です。

ＩＣＴ支援員のチームづくり

ここまでは個々の支援員に必要な心構えや知識について紹介しました。ここからはＩＣＴ支援員を育成・定着させるためのチームづくりについて取り上げます。

働きやすい環境づくり：ICT支援体制整備のポイント

第5章でもお伝えした、学校のICT活用の体制づくりのポイントを再度紹介します。

- 情報を一元管理するためのリーダーを決める
- 年度初めには、学校のICT活用に関わる全員が顔を合わせる
- ICT支援員に、先生が授業用に使っているものと同じ環境の端末を貸し出す
- ICT支援員に、学校と同じドメインのアカウントを発行する
- 保護者向け緊急連絡メールにICT支援員を登録する
- 情報共有のルールを決める

こうした体制づくりは、ICT支援員の育成や離職防止にも役立ちます。

ICT支援員のリーダーが必須：チームをまとめ、支える存在

複数のICT支援員がいる自治体であれば、直接雇用、業務委託にかかわらず、専任のリーダーをおいていただきたいです。支援員のハブになる存在が大事なのです。情報セキュリティ

も守られるし、ＩＣＴ支援員に安心感を与えることもできます。

ＩＣＴ支援員も人間ですから、困ったときに逃げられる場所、愚痴が言える場所が必要なのです。先生から怒られた場合、経験豊富なリーダーが間に入ってうまくとりなしてくれると、学校との信頼関係が保たれやすいです。この意味で、指導主事の先生がリーダーになってはいけないのです。

学校で支援をしていると、本当にいろいろなことが起きます。


モラル的に問題のある行動をしている子にどうやって声を掛けるか

（モラル的に問題のある行動の例）

- 学校内のチャット等に不適切な書き込みをする
- 友だちの写真に不適切な加工をしてアップロードする
- 著作権的に問題のある情報発信をする

子供の問題行動をどうやって先生に伝えるか

（子供の問題行動の例）

- ファイル共有の機能などを使い、先生の見えないところで内緒の交流をする
- キーボードのキートップを故意に剥がす

・タブレットのカメラレンズに鉛筆で傷を付ける
・USBの差し込み口に鉛筆等を差し込む

ルールを守ってくれない先生にどう対応するか

（ルールを守ってくれない先生の例）
・子供の個人情報が入っている表計算ファイルの修正を依頼される
・勤務時間外に及ぶ仕事を依頼される
・指導目的外と思われるソフトウェアに関する質問をされる

これらの場合のように、学校で起きる問題の多くは、すぐに答えが出ない場合が多いです。だからこそ、相談窓口が大事です。それに、ICT支援員をひとりぼっちにしてはいけません。信頼できるリーダーがいれば、育成と定着に役立ちます。

リーダーの声掛けと心構え：ICT支援員を支えるリーダーシップ

リーダーの第一の仕事は、支援員に声掛けをすることです。慣れてくると声掛けしなくてもいいや、となりがちですが、それではいけません。毎日の声掛け（もちろん、メールやメッセージでかまいません）が大事です。

声掛けには、具体的な言葉が適しています。近頃は、極端な気象が増えていますから、朝には天候に関わる気遣いの言葉を掛けるのが良いです。

朝の声掛けの例

- 「今日は天気が悪くて、交通機関の遅れが発生するかもしれないから、時間に余裕を持って行動してね」
- 「おはようございます。誰か調子の悪い人はいませんか」
- 「今日は気温が高くなる予想だから、水分を摂ってね。一人の作業でも、エアコンをつけさせてくださいってお願いするんだよ」

一日の終わりの声掛けの例

- 「今日はお疲れ様でした」など、ねぎらいの言葉を掛けましょう。
- 勤務が終わる時間を見計らって「みなさん、仕事は無事に終わりましたか?」などと声掛けをすると、残業が防げます。

個人に向けた声掛け

- 「○○さん、今日は道路が渋滞するかもしれないから運転に気をつけてね」

・もし学校からのお礼が、リーダーに届いたら、個別メッセージで本人に伝えます。一斉連絡で伝えてしまうと、他の人にとってはプレッシャーになることがあります。
・よい情報を共有してくれた人がいたら、「ありがとう！」と感謝の気持ちを伝えます。

その人が存在している、その人を気に掛けているということが伝わる言葉があれば、人間は頑張れます。リーダーは、ICT支援員一人一人がそこにいてくれることに感謝しなければなりません。この仕事を選んでくれてありがとう、といった気持ちが大切です。

チームづくりの重要性：協力し、共に成長できるチームにする

「リーダーをおかなくても、ICT支援員同士がチームになればよいのでは」と思う人がいるかもしれません。しかし、リーダーがいた方が、ICT支援がスムーズに進むのです。

- 情報が一元化されるので「聞いてないよ」ということが減る
- ICT支援員の「助けて」に素早く対応してもらえると安心できる
- 教育委員会に情報を整理して伝えやすくなる

このように、リーダーのもとにチームになった方が何かと便利です。一人の知恵より、複数

人の知恵が集まった方がよりうまくいきます。学んだり、心を保ったりするのを、すべて自力で、すべて一人でしなければならない、という組織では、維持が難しいでしょう。

チームになっていれば、教育委員会が伝えたいことがあった場合、学校の必要な人へ確実に情報を届けることができるようになります。

また、時には支援員同士で、お互いに不満をもつことがあります。直接表明することは難しいですし、対立してしまう場合もあります。そんなときは、リーダーが間に入って取りなします。これもチーム作りにとって重要な仕事です。

チームが機能してくれれば、細かいことにまで気が回る、プロの集団になります。学校にいて当たり前の存在、みんながその大切さを知っている存在になることができるのです。

帰属意識を高めるには：ICT支援員としてのやりがいとは

ICT支援員の喜びは、先生から、

「ずっと悩んでいたけど、〇〇さんのおかげで、やっとできるようになった」

「一緒にやっていたらやっと分かった。〇〇さんありがとう！」

などと言われることです。先生が自ら何かを達成したり、問題を解消したりした姿を見ると嬉しくなります。ICT支援員が定着するのに必要なのは、お金だけではありません。先生方が頼ってくれていたら「ずっとここで支援していたいな」といった意識になります。それこそが定着につながるのです。

そのためにも、リーダーは、全体に言うことと個別に言うことをきちんと区別し、適切な情報発信と声掛けをしなければなりません。

普段から、情報をやりとりできるチームがあり、その中で、一緒に学べて、時に愚痴が言えれば、帰属意識も高まることでしょう。そこでは心理的安全性が大事です。これは、組織の中で自分の考えや気持ちを誰に対してでも安心して発言できる状態、チームの他のメンバーが自分の発言を拒絶したり、罰したりしないと確信できる状態のことです。

これは一朝一夕にできることではありません。リーダーは、よりよいチームになるために、手を抜かずに関わるようにします。

継続的な学び：スキルアップのための育成体制をつくる

昨今、募集をしてもICT支援員がなかなか集まらない状況です。であれば、育てるしかありません。事業主が雇用する場合も、教育委員会が直接雇用する場合でも、充実した研修が行われるとは思います。しかし、研修は一度やればOKというものではありません。学習指導要領、教育基本法、情報セキュリティポリシーなど、重要なことは折に触れて確認することが必要です。さらに、学校ごとに年間指導計画というものがあるので、それに沿った研修も行いましょう。月に1回くらい行えれば理想的です。

さらに定期ミーティングを開催すると良いです。リアルで対面型でやるのが理想的ですが、集まれない地域はオンラインでもかまいません。無理のない範囲で行うことが大切です。お互いに顔を知っているという状態が、学びを効果的にします。

定期ミーティングでの話題としては、次のようなものが考えられます。

- 情報端末の扱い方を教える際の支援法
- 電気の単元（理科）での支援法
- プログラミング教育での支援法

これらの授業は、ＩＣＴ支援員の関わりの巧拙が、子供たちの理解度に直結します。支援員が自学できるような教材や環境を用意することが必要です。

また、その自治体で導入しているクラウドシステムに慣れることも重要です。このために、ＩＣＴ支援員にもアカウントの発行が必須となります。

可能であれば、学校等で行われる教員研修に、参加できるようにしてもらえるとよいです。学校文化を知ることができますし、必要な知識を得ることができます。受講者としての参加が難しいようであれば、情報機器操作のアシスタントとして参加する形でもよいです。

陰ながら学校ICTを支える、誇り高き仕事

　人気のマンガ『SPY×FAMILY』（遠藤達哉著、集英社刊）の第1巻に、スパイがその上司である局長から指令書を受け取る場面があります。その箇所に次のような文章がありました。

〝影なき英雄〟よ　君たち諜報員《エージェント》の活躍が日の目を見ることはない
勲章もなく新聞の片隅に載ることもない
だがそれでもその骸《むくろ》の上に人々の〝日常〟が成り立っていることを忘れるな

　ICT支援員は、スパイではありませんが（笑）、ICT支援の仕事をしていると、これと同じような気分になることがあります。
「問題なくICT機器が動作して、何事もなく授業が進むこと」「名前が出ることなく授業改善に貢献すること」これが私たちにとって、無上の喜びです。この喜びは、なかなか伝わりません。

私がこの仕事で、最初に自己肯定感を実感したのは、私の持っている知識とスキルに価値があるのだと知ったときです。ネットに転がっている情報ではありません。私が汗をかいて身につけた知識とスキルです。これが支援先の授業改善やトラブル対応で活用できたとき、とても喜んでもらえました。

決して褒めて欲しいわけではないのです。「誰かの役に立った！」と、私自身が実感できたことが嬉しかったのです。自分がこの仕事をしていてもいいのだと思えました。

考えてみると私たちの生活は、名も無き人の仕事で成り立っています。蛇口をひねれば水が出ますし、スイッチを入れれば電気がつきます。ふだんは意識しないものの、そこには水道工事の人や電気工事の人が頑張ってくれているという事実があるのです。でも、「どのように頑張っているか」は、知られていませんよね。

ＩＣＴ支援員もそういう存在になれたらいいなと私は思っています。

第6章　まとめ

- □ 管理職との良好な関係が重要。日常的な会話や授業見学を通じて信頼関係を構築する。
- □ 情報担当教員だけでなく、すべての教職員とコミュニケーションを取る。
- □ 児童生徒との適切な距離感を保ち、威圧的にならないよう注意する。不適切な接触は避ける。
- □ 健康管理と清潔感のある身だしなみを心がけ、学校職員としての自覚を持つ。
- □ 落ち着いた行動と柔軟な対応を心がけ、忙しい時こそ慎重に業務を遂行する。
- □ 掃除はICT支援の基本。機器のメンテナンスや故障の早期発見にもつながる重要な業務。
- □ ICT活用の黒子として、授業を止めずにトラブル対応や裏方の仕事をこなす。
- □ 状況に応じて柔軟に対応し、既存のICT環境で教員の要望を実現する工夫を凝らす。
- □ 著作権や情報セキュリティに関する知識を持ち、適切な情報利用を支援する。
- □ ICT支援員のチームづくりとリーダーの存在が重要。継続的な学びと育成体制が必要。

Column 学校や地域を好きになる

本文中で「管理職と仲良くなることが大切」と書きました。これは、本当に大事です。私が仲良くなれたきっかけは、いくつかありますが、その中で一つ挙げるとしたら「写真・動画」です。

校長先生が、学校便りやＷｅｂサイトに載せる写真を見せながら、エピソードを語ってくれるときがあります。それを聞き流してしまうのではなく、その写真の良いところを見つけて話すと、心の距離がぐっと縮まります。これは、学校の良いところを伝えていることにもなるからです。良いところを伝えるのは、写真に限りません。私は、学校の良いところが目に入ったら、折を見て校長に伝えるようにしています。ただ、うわべのほめ言葉ではいけません。自分が心から良いと思ったところを伝えるようにしましょう。

それから、その地域の歴史や文化について関心を持つことも大切です。私は着任すると、その自治体が定めている市の鳥、市の花、市の

木などを必ず調べました。これが、行事の名前や特別支援教室の名前になっていることがよくあるからです。これを知っていると、親近感を持ってもらえます。

それから、先生方から教えてもらったとき、素直に喜ぶことも大切です。

私は子供のときから、歴史に興味がありませんでした。なので、基本的な知識がありません。先生方は、当たり前のように、その地域の偉人や遺跡について話をされるので、「そうなんですか！」となることが少なくありませんでした。こんなとき、ほとんどの先生は、優しく教えてくれます。自分が知らないことに関心を示すと、かなり親しくなれます。

学校周辺の食べ物の話も良いです。その地域のソウルフードとなっている食べ物はよくあります。それに関心を持ち、先生方から教えてもらうことは、先生方と親しくなるきっかけになることはもちろん、その地域を好きになることにも繋がります。

あとがき

今、日本の教育は急激に変わろうとしています。多くの人がそう思っていることでしょう。私は、ぜひ良い方向に変わってほしいなと思います。

これまで二十年ほどICT支援員として教育の情報化を見てきて感じるのは、「変わろうとしてくじける」というのを何度も繰り返してきたなということです。「くじけた」と言うと語弊があるかもしれません。でも、現場でリアルに先生や子どもたちと向き合い、何百校ものICT機器の導入や研修、サポートをしてきた経験からすると、そう言わざるを得ないのです。

1　新しい技術や製品ができて、先生方が「活用をしよう!」と動き出す

2　不適切な利用が報じられ、「やっぱ手書きだ～」といった意見が巻き起こる

3　それを乗り越えて学習指導要領などにICT活用が盛り込まれる

4　どこかでICTに関わる事件が起こり、「問題だ～」という報道が過熱

5　「活用を抑え込む技術を搭載した製品」が生まれ、人気を博す

こんなことが繰り返されてきたように感じています。悪い一点に注目し、ICT全体を悪者にして活用を止めようとするのはとても速いのに、良い点は全く広まらないことを思い知らされてきました。

しかし、GIGAスクール構想が実現しようとしている今、もう

教育の情報化が止まることはないと思っています。多くの人たちがスマホを持ち、コロナ禍を経て、学校はオンライン授業を経験しました。世間もリモートワークを経験しました。みんながオンラインのよさを知った今、後戻りはできないでしょう。二十年以上変わらなかったものが、さまざまな偶然と人々の問題意識と努力、好奇心で動きだしていくことに、期待を抱かずにはいられません。

これから徐々に、端末を家庭に持ち帰ることが常態化するでしょう。そうなれば加速度的に整備が進み、教室の姿も変わっていくと思います。ＰＣルームがパワーアップするかもしれませんし、もっと別の施設や設備が整うかもしれません。

先生方がＩＣＴに慣れたとき、ＩＣＴ支援は不要になるという方もいます。しかし、私はそうは思いません。ＩＣＴに詳しくなればなるほど、このシステムは、物理的にも人的にも脆弱な基盤で動いていると感じるからです。どんなにシステムの技術が進んでも、それを使うのは人間ですから、使い込むうちに「新たな発見」や「やりたいこと」が生まれるでしょう。トラブルや課題も生じるはずです。

ＩＣＴが授業に欠かせないものになればなるほど、ＩＣＴが原因で授業を止めてはなりません。さらには、先生方にＩＣＴ活用のよいアイディアを提供し続けなければなりません。私は、ＩＣＴ支援員がその役割を担っていると思っています。

そして将来はこの仕事を学校のみならず、みんなを幸せにするために新しいＩＣＴの在り方を創造する、そして自らスキルアップに励む人をコーチングできる、そんなすてきな職業に進化させたいと願うのです。

今回私のこれまでの仕事の集大成とも言えるこの本をまとめるにあたり、いろいろと教えてくださった先生方には、心からお礼申しあげます。また、私の拙い経験を出版してくださった小学館の山本春秋さん、話題がいつもそれる私の話をまとめてくださった村岡明さん、すてきなイラストを描いてくれたつるはたかすみさんにも感謝しています。

五十嵐晶子

8つの心得

6 支援員は脇役であり伴走者である

学校においてICT支援員は主役ではありません。ICTを活用して何かを成し遂げるのは先生や子供たちです。それを支えるのは、ICT支援員の日々の研鑽と努力とコミュニケーションです。

これを続けていれば、学校の流れが理解できるようになり、「そろそろ○○先生が、○○の授業をしそうだな。○○の準備をしておこう」といった支援ができるようになります。適切な授業のために、先生と一緒に走れるようになるのです。

7 相手の望む未来を理解する

自分がやらせたいことではなく、相手が満足するような目標を理解しましょう。目標が高すぎると、やる気を削いでしまいます。理解の速度は人それぞれ違いますから。それが小さな一歩だとしても、共に目指し、努力し、試し、喜びあうことが大切です。

学校として、とても高い目標が設定されている場合は、そこに近づけるように工夫しましょう。そのためには、そうした目標にチャレンジしたことがある人、知識や経験がある人と繋がって、必要に応じて助けを求めることが大切です。

8 どんなところにも足跡は残る

誰も見ていないときに教室を掃除したり、定期点検や、資産管理をしたりしているICT支援員がいます。自ら出かけて新しい情報を得たり、セミナーで勉強したり、本を読んだりしている人もいます。

誰からも褒められなくても、日々のそうした行動は足跡として残ります。ICT機器を健全に保ち、日常的なICT活用を支えます。それが信頼につながり、さらなる活用へと好循環を生み出します。

逆に、陰でSNSなどに学校に対する文句や、ICT支援員の仕事自体を貶めることを書くICT支援員もいます。自ら勉強せず、分からないことを放置し続けている人もいます。これでは、ICT支援員全体が信頼を失ってしまいます。

自分の行いには、プラスにしろマイナスにしろ、必ず足跡が残ります。それは、信用や信頼に影響を与えていくことを意識しましょう。

ICT支援員

1 傾聴こそが大切なコミュニケーション

自分の知識をひけらかしたり、ずっと話したりしてはいけません。それでは信頼感が得られないからです。心理的安全性を大事にして、傾聴の姿勢をもってください。「この人は聞いてくれる」と思えるからこそ、話してもらえるのです。

2 1度だけしかない驚きを奪わないこと

ICT初心者が、自ら学ぶ喜びを奪ってはいけません。支援の際には、教えすぎず、ポイントを簡潔に伝え、初めての発見と体験をしてもらうことを心がけましょう。

たとえば、プログラミングを教えるとき「こうやると、こう動きますからね」と結果を教えては感動が薄れてしまいます。

3 もう大丈夫は存在しない

ICTは日進月歩。そして学びに終わりはありません。今日学ばないものは、何年のキャリアがあろうとも、毎日学ぼうとする新人に劣ります。これは、次々に新しいことを学ぶべしという意味ではありません。基本に立ち返るのも大切です。自分の知識やスキルに足りない点がないかを常に考えて学びましょう。

4 すべての情報提供に感謝を表そう

先生から寄せられる、苦言も愚痴も自分ができない業務外の質問も、すべてが貴重な情報です。ICT支援員としての糧になります。まず「ありがとうございます」という返事を笑顔でするように心懸けましょう。情報提供して良かったなと感じてもらえるはずです。

5 あなたの体験より重要なことはない

担当の学校の日常をきちんと見取れるのは、ICT支援員のみです。自分の見たこと聞いたことを、よく観察し言語化するトレーニングをしましょう。ICT機器だけでなく、先生や子供の様子も観察するようにします。ただ、知識が無いと適切な観察ができません。ICTの知識はもちろん、学校教育についての知識も身につけるようにしましょう。

ICT支援員の仕事が捗るグッズの紹介
<必須アイテム>

□ マスキングテープ
（1.5cm・無地・明るい色）

・メモを残す場合などに使う。付箋ははがれてしまうことがあるので。
・「バミる」ために使う。実物投影機等の定位置を明確にできる。

□ 名前ペン（細字で書ける油性ペン）

・マスキングテープやガムテープなどに書きたいとき、細字の油性ペンは必須。

□ 大きめの付箋

・メモを取るのに使う。
・自分用のメモとしても、人に渡すメモとしても便利。

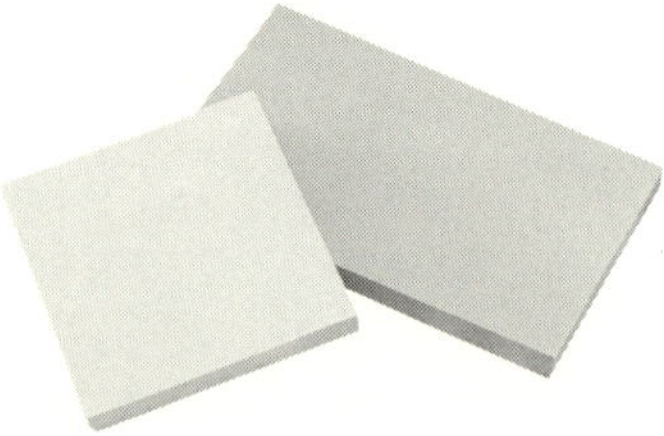

□ クイックルハンディ（花王）

・優しい力でほこりが取れる。ほこりを吸着してくれる。
・高いところ、手が届きにくいところのほこりが取れる。

□ 液晶用クリーニングクロス
（20㎝×20㎝程度）

・自分が使うタブレットだけでなく、電子黒板などを日常的に拭くことができる。
・洗濯すれば性能が復活する。

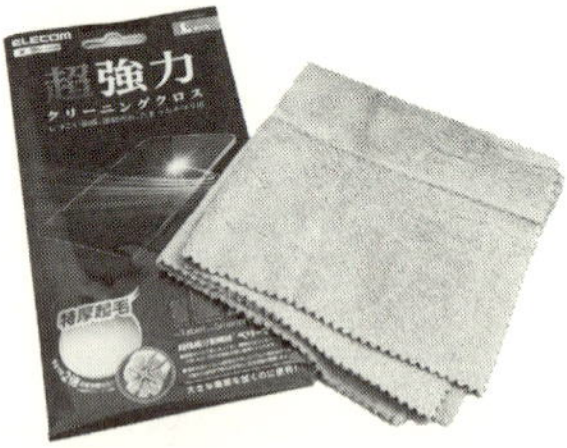

□ アナログ表示ができる腕時計

・学校は時間割で動いているので視認性が良く盤面が大きいアナログ時計は必須。

写真提供：
有限会社南雲時計宝飾店

ICT支援員の仕事が捗るグッズの紹介
＜便利グッズ＞

アース接続端子付きコンセントの変換アダプタ

・２口プラグから３口（アース付き）プラグへの変換アダプタ。
・３口（アース付き）プラグから２口プラグへの変換アダプタ。

USBType-C対応変換アダプタ

・USBType-Cから、USBType-Aや、HDMIに変換できるアダプター。無線による画面転送ができない場合などに役立つ。

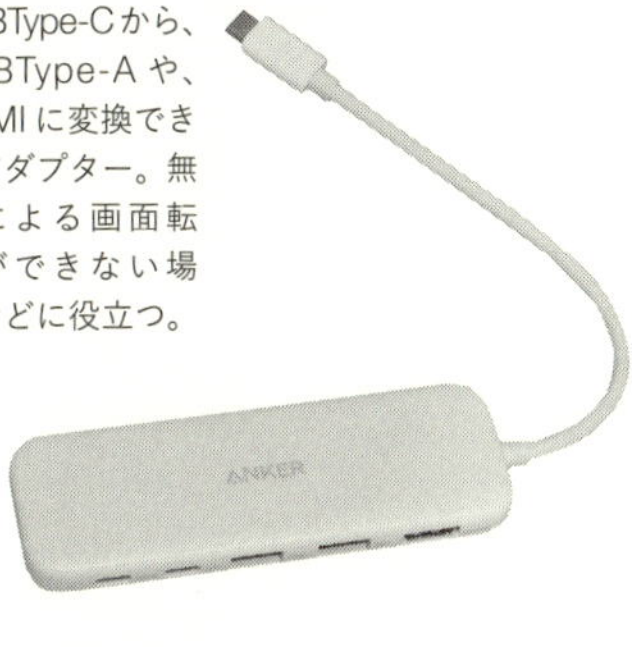

ハーフカッター（キングジム）

・テプラシールなど、ラベルの印刷面にスリットをいれて、ラベルの裏紙をはがしやすくするのに使う。
・ラベルの裏紙が劇的にはがしやすくなる。

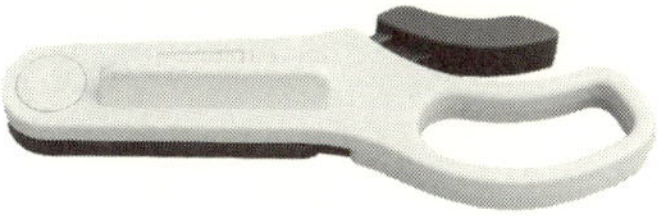

コンセント差し口90度変更タップ（エムディーエス）

・保管庫の電源タップの形状と、端末の標準コンセントの形状が合わない場合などに便利。
・この会社の物がコンパクトでおすすめ。

ブロワー

・キーボードの間など、小さく狭いところを掃除するのに便利。
・百均で売っている。

コーナーカッター

・パウチした紙やIDカードを作った際に固い角を丸く切るときに便利。
・「かどまるん」（サンスター文具）は携帯するのに便利。

資格取得のための学習リソース

合同会社かんがえるのWebサイト

https://www.thinkrana.com/

・ICT支援員に関する充実した情報を発信しています。

高等学校「情報Ⅰ」教科書

・教科書は、取り扱いのある書店であれば注文して買うことができます。ただし、納品に時間がかかるので、急ぐ場合はAmazonや広島教販のサイトで購入することもできます。
・東京の大久保駅近くにある「第一教科書」に行けば、直接購入することもできます。

各種アプリの公式ページ

・各アプリの使い方紹介はもちろん、活用事例なども掲載されているので、多くの知識を得ることができます。
・無料トライアルをさせてくれる会社もあります。

GIGAスクール構想の実現について（文部科学省）

https://www.mext.go.jp/a_menu/other/index_00001.htm

・GIGAスクール構想の最新情報を見るときに役立ちます。

StuDX Style（文部科学省）

https://www.mext.go.jp/studxstyle/

・さまざまな自治体のICT活用事例が見られます。

独立行政法人 教職員支援機構

https://www.nits.go.jp/

・豊富で質の高い教職員向け研修動画が見られます。

YouTube合同会社かんがえる「かんがえるチャンネル」

https://www.youtube.com/@kangaeru

・YouTubeには、操作解説系のチャンネル、セキュリティ関係のチャンネルなど豊富にありますので、検索して利用しましょう。ただし、内容の正確性は、確認する必要があります。

ICT支援員の関連検定・資格

教育情報化コーディネータ（ITCE）検定試験公式サイト
ICT 支援員能力認定試験公式サイト

https://jnk4.info/itce/
実施主体：JNK4 情報ネットワーク教育活用研究協議会

IT パスポート試験

https://www3.jitec.ipa.go.jp/JitesCbt/index.html
実施主体：情報処理推進機構

Microsoft 教師センター

https://learn.microsoft.com/ja-jp/training/educator-center/
実施主体：Microsoft

Google for education

https://edu.google.com/intl/ALL_jp/
実施主体：Google

Apple と教育

https://www.apple.com/jp/education/
実施主体：Apple

五十嵐晶子（いがらし・あきこ）

2000年頃より小中学校の情報アドバイザーを始める。大手教育ICTベンダーに所属し、大学ヘルプデスクから神奈川県を中心に小中高校のICT導入研修会講師とICT支援員、ICT支援員運用コーディネーター等、学校ICTの導入と活用に関わる。2020年3月に独立し「合同会社かんがえる」を創業。情報通信技術支援員（ICT支援員）の導入コンサルティングと育成を専門として、全国の支援員事業を行う企業や、自治体所属の支援員に向けたさまざまなICT研修会を提供。関東中心に全国各地の自治体と企業に研修を提供。リアル研修とともに、オンライン自習室・プログラミングワークショップ・ICT企業とのコラボイベントなども展開している。2023年より文科省・中教審のデジタル学習基盤特別委員会メンバー。

本文構成／村岡 明
デザイン・DTP／上條美来
イラスト／つるはたかすみ
校正／麦秋新社
編集担当／山本春秋（小学館）

デジタル化時代の学校教育を支える
ICT支援員という仕事
これからのチーム学校に不可欠なスペシャリスト

2024年12月2日　初版第1刷発行

著者　五十嵐晶子
発行人　北川吉隆
発行所　株式会社　小学館
〒101-8001
東京都千代田区一ツ橋2-3-1
電話　編集　03-3230-5686
販売　03-5281-3555
印刷所　TOPPAN株式会社
製本所　株式会社若林製本工場

ISBN978-4-09-840243-4